우리고전 100선 02

길 위의 노래―김시습 선집

우리고전 100선 02

길 위의 노래―김시습 선집

2006년 11월 27일   초판 1쇄 발행
2023년 4월 10일   초판 5쇄 발행

편역   정길수
기획   박희병
펴낸이   한철희
펴낸곳   돌베개
책임편집   이경아 이혜승
편집   김희동 윤미향 서민경 김희진
디자인   박정은 이은정 박정영
디자인기획   민진기디자인
표지그림   전갑배 (일러스트레이터, 서울시립대학교 시각디자인대학원 교수)

등록   1979년 8월 25일 제406-2003-000018호
주소   (10881) 경기도 파주시 회동길 77-20 (문발동)
전화   (031)955-5020
팩스   (031)955-5050
홈페이지   www.dolbegae.co.kr
전자우편   book@dolbegae.co.kr

ⓒ정길수, 2006

ISBN 89-7199-252-2 04810
ISBN 89-7199-250-6 (세트)

이 책에 실린 글의 무단 전재와 복제를 금합니다.
책값은 뒤표지에 있습니다.
이 도서의 국립중앙도서관 출판시도서목록(CIP)은
e-CIP 홈페이지(http://www.nl.go.kr/cip.php)에서
이용하실 수 있습니다. (CIP제어번호:CIP2006002496)

우리고전 100선 02

길 위의 노래
―
김시습 선집

정길수 편역

간행사

지금 세계화의 파도가 높다. 현재 진행되고 있는 세계화는 비단 '자본'의 문제이기만 한 것이 아니라, '문화'와 '정신'의 문제이기도 하다. 그 점에서, 세계화에 어떻게 대응할 것인가 하는 것은 우리의 생존이 걸린 사활적(死活的) 문제인 것이다. 이 총서는 이런 위기의식에서 기획되었으니, 세계화에 대한 문화적 방면에서의 주체적 대응이랄 수 있다.

생태학적으로 생물다양성의 옹호가 정당한 것처럼, 문화다양성의 옹호 역시 정당한 것이며 존중되지 않으면 안 된다. 그럼에도 세계화의 추세 속에서 문화다양성은 점점 벼랑 끝으로 내몰리고 있는 것처럼 보인다. 하지만 문화적 다양성 없이 우리가 온전하고 행복한 삶을 살 수 있겠는가. 동아시아인, 그리고 한국인으로서의 문화적 정체성은 인권(人權), 즉 인간권리의 문제이기도 하기 때문이다. 그래서 우리 고전에 대한 새로운 조명과 관심의 확대가 절실히 요망된다.

우리 고전이란 무엇을 말함인가. 그것은 비단 문학만이 아니라, 역사와 철학, 예술과 사상을 두루 망라한다. 그러므로 일반적으로 알려져 있는 것보다 훨씬 광대하고, 포괄적이며, 문제적이다.

하지만, 고전이란 건 따분하고 재미없지 않은가? 이런 생각의 상당 부분은 편견일 수 있다. 그리고 이런 편견의 형성에는 고전을 연구하는 사람들에게 큰 책임이 있다. 시대적 요구에 귀 기울이지 않은 채 딱딱하고 난삽한 고전 텍스트를 재생산해 왔으니까. 이런 점을 자성하면서 이 총서는 다음의 두 가지 점에 특히 유의하고자 한다. 하나는, 권위주의적이고 고지식한 고전의 이미지를 탈피하는 것. 둘은, 시대적 요구를 고려한다는 그럴 듯한 명분을 내세워 상업주의에 영합한 값싼 엉터리 고전책을 만들지 않도록 하는 것. 요컨대, 세계시민의 일원인 21세기 한국인이 부담감 없이 '쉽게' 접근할 수 있는, 그러면서도 품격과 아름다움과 깊이를 갖춘 우리 고전을 만드는 게 이 총서가 추구하는 기본 방향이다. 이를 위해 이 총서는, 내용적으로든 형식적으로든, 기존의 어떤 책들과도 구별되는 여러 가지 모색을 시도하고 있다. 그리하여 고등학생 이상이면 읽고 이해할 수 있도록 번역에 각별히 신경을 쓰고, 작품에 간단한 해설을 붙이기도 하는 등, 독자의 이해를 돕고자 하였다.

특히 이 총서는 좋은 선집(選集)을 만드는 데 큰 힘을 쏟고자 한다. 고전의 현대화는 결국 빼어난 선집을 엮는 일이 관건이자 종착점이기 때문이다. 이 총서는 지난 20세기에 마련된 한국 고전의 레퍼토리를 답습하지 않고, 21세기적 전망에서 한국의 고전을 새롭게 재구축하는 작업을 시도할 것이다. 실로 많은 난관이 예상된다. 하지만 최선을 다해 앞으로 나아가고자 한다. 그리하여 비록 좀 느리더라도 최소한의 품격과 질적 수준을 '끝까지' 유지하고자 한다. 편달과 성원을 기대한다.

박희병

책머리에

매월당 김시습(梅月堂 金時習, 1435~1493)은 조선 전기를 대표하는 문인이다. 매월당은 대부분의 한국인이 알고 있는 몇 안 되는 고전 작가 중 한 분이지만, 실상 『금오신화』(金鰲新話) 외에는 잘 알려진 작품이 없다. 물론 『금오신화』는 김시습이 삼십대에 심혈을 기울여 지은 작품이고, 우리 소설사에서 여전히 빛을 발하고 있는 걸작이다. 그러나 매월당의 진면목은 소설뿐 아니라 매월당이 지은 당대 최고 수준의 시(詩)와 문(文)까지 아울러 살필 때 좀 더 뚜렷이 드러난다. 매월당의 시는 조선 시대 일급 비평가의 한 사람이었던 허균(許筠)이 거듭 칭송했던 대로 드높은 초탈(超脫)의 경지에 올라 있는가 하면 치열한 애민사상(愛民思想)을 담고 있기도 하다. 매월당의 문은 정치적으로 혹은 사상적으로 굵직한 문제들을 다루고 있는데, 그 근원적인 물음과 진지한 모색 과정은 오늘날에도 여전히 유효해 보인다.

　　매월당은 설잠(雪岑)이라는 법명 외에 동봉(東峯)·청한자(淸寒子)·오세암(五歲菴)·벽산(碧山)·췌세옹(贅世翁) 등의 많은 호를 가진 것으로도 유명하다. 그 많은 이름만큼이나 매월당의 얼굴은 다양하다. 비운의 천재요 어떠한 구속에도 얽매이기를 거부했던 자유인이었으며, 불의와 타협하지 않고 세상 밖에서 고독한 삶을 살다 간 절의(節義)의 상징이요 유·불·선 각각의 영역에서 저마다 핵심적인 위치를 차지하고 있는 이채로운 사상가이기도 하다. "세상과 나는 모순(矛盾)"이라는 자신의 외침처럼 고독한 외곬의 자의식 강한 인물이었지만, 갈림길에 설 때면 주저하며 어쩔 줄 몰라 했고 지나온 길을 돌아볼 때면 늘 회한 어린 탄식을 쏟아내는 존재이기도 하다.

    역자는 매월당이 남긴 시·문·소설 중 대표작을 선별하여 매월당 문학의 정수와 매월당 삶의 다채로운 면모를 이 책 안에 담아 보고자 했다. 작품을 편차하는 데에는 매월당에 관한 거의 모든 자료를 망라하여 그 삶을 재구성한 『김시습 평전』(심경호 지음, 돌베개, 2003)에 크게 힘입었다. 이 책에 선별된 작품들을 통하여 매월당의 풍성한 문학 세계의 대강이 전달되기를, 자신의 시대 안에서 끊임없이 고민하고 주저하며 부끄럽지 않은 삶을 살기 위해 몸부림쳤던 외로운 존재의 흔적이 드러나기를 기대한다.

2006년 11월
정길수

차례

004 간행사
006 책머리에

247 해설
268 김시습 연보
271 작품 원제
274 찾아보기

나는 누구인가

詩

- 019 　내 말이 어리석어 보이지만
- 020 　나는 누구인가
- 021 　내가 나에게
- 023 　비 오는 밤
- 025 　이 몸 또한 꿈일지니
- 026 　소나무 엮어 오두막 짓고
- 028 　온종일 잠에 빠져
- 029 　몸과 그림자 1 - 몸이 그림자에게
- 031 　몸과 그림자 2 - 그림자가 몸에게
- 033 　뱀
- 034 　새벽에 일어나
- 035 　내 밭엔 잡초 무성하고
- 037 　잔설
- 039 　한 줄기 햇살 빌려다가
- 041 　한잔 술에 취해 1
- 042 　한잔 술에 취해 2
- 043 　한잔 술에 취해 3
- 044 　인간 세상에 떨어져
- 047 　홀로 부르는 여섯 노래
- 051 　밤에 부르는 노래
- 053 　나의 일생

詩

길 위의 노래

- 059 　짚신 신고 발길 닿는 대로
- 060 　시골 풍경
- 061 　천마산에서
- 062 　박연폭포를 보고
- 064 　장안사에서
- 065 　도미 나루를 지나며
- 067 　해 저문 호남 땅
- 068 　갈림길에만 서면
- 069 　봄눈
- 071 　가을
- 072 　낙엽이 지면
- 073 　달
- 075 　외나무다리
- 076 　지팡이 비껴 메고
- 077 　춘천 가는 길
- 078 　소양정에 올라
- 079 　청평사에 나그네 있어
- 080 　아침 해 돋을 적에
- 081 　높이 올라
- 082 　봄 산에 짝 없이

詩

하늘에 묻는다

- 085 곧은 나무는 베이고
- 086 어지러운 세상
- 088 구름이 가건 오건
- 089 가진 자의 욕심은 하늘을 찌르고
- 091 내가 생각하는 도는
- 093 딱따구리
- 095 누에 치는 여인
- 096 죽은 이에게
- 097 가난의 노래
- 098 『금오신화』를 짓고
- 099 옛사람 글 읽을 적에는
- 100 하늘에 묻는다
- 102 산골 농부의 괴로움 1
- 103 산골 농부의 괴로움 2
- 104 산골 농부의 괴로움 3
- 105 산골 농부의 괴로움 4
- 106 농부의 말

어떻게 살까, 무엇을 할까

- 111 군자의 처신
- 116 군자와 소인
- 121 인재가 없다는 걱정에 대하여
- 127 나라 살림을 넉넉하게 하는 법
- 132 최선의 정치
- 136 나라의 근본
- 139 인민을 사랑해야 하는 이유
- 144 세상 만물을 사랑하는 길
- 148 귀신이란 무엇인가
- 151 태극을 말한다
- 154 양양부사 유자한에게 속마음을 토로하여 올린 편지

小說

금오신화

- 171 만복사에서 부처님과 내기하다
- 195 담장 너머 사랑을 엿보다
- 221 남염부주에 가다

김시습 선집 ― 길 위의 노래

나는 누구인가

詩

내 말이 어리석어 보이지만

내 말 크게 어리석어 뵈지만
씹어 보면 맛이 있네.
나를 꾸짖음도 이 때문이요
나를 기림도 이 때문이지.
그만두자, 더 말할 것 없네
종이도 다했으니 이제 그만.

我語大迂闊, 嚼來有滋味. 譏我亦由此, 賞我亦由是. 已矣不須說, 紙窮且止止.

처음에는 대단찮아 보여도 가까이할수록, 음미할수록 좋은 존재가 드문 세상이다. 김시습은 씹을수록 맛있는 글을 쓰고자 했던 듯하다.

나는 누구인가

이하(李賀)를 내려다볼 만큼
조선 최고라고들 했지.
드높은 명성과 헛된 기림
어찌 네게 걸맞을까?
네 몸은 지극히 작고
네 말은 지극히 어리석네.
네가 죽어 버려질 곳은
저 개울창이리라.

—

俯視李賀, 優於海東. 騰名謾譽, 於爾孰逢. 爾形至眇, 爾言大侗. 宜爾置之, 溝壑之中.

—

김시습이 자화상을 그리고 나서 붙인 시이다. 짧은 시편 안에 김시습 자신에 대한 사람들의 기대, 그로 말미암은 자부심, 세상에 용납되지 못한 자의 고독과 환멸, 회한이 모두 녹아들어 있다. '이하'(李賀, 790~816)는 당(唐)나라의 천재 시인으로, 27세에 요절했다.

내가 나에게

이 사람은 본래 한적하고 아담하여
어릴 적부터 큰 도를 좋아했네.
뜻이 세상과 어긋나
속세 흔적 하나도 없지.
젊어서는 명산에 노닐며
속된 바보들과 사귀지 않았네.
늘그막엔 폭포 곁에 살며
맑은 시냇가의 늙은이로 살고자 했네.
세상 사람들 이를 모르고
형편없이 되었다고 구시렁대네.
이 사람은 그런 말에 아랑곳 않고
바람에 지는 꽃잎을 괴로워할 뿐.
지금은 드러냄과 숨음을 무시로 하며
봉래도(蓬萊島) 가기를 기약한다지.

處士本閑雅, 早歲好大道. 志與時事乖, 紅塵跡如掃. 少小遊名山, 貯俗不交好.

晚居瀑布傍, 欲作淸溪老. 世人那得知, 尋常稱潦倒. 處士亦不猜, 每被風花惱.
隱顯或無時, 期往蓬萊島.

속된 바보들과 사귀지 않으며 일생을 고고하게 살아온 데 후회는 없지만 이런저런 세간의 수군거리는 소리에 완전히 초연할 수도 없던 김시습의 마음이 느껴진다. '봉래도'는 신선이 산다는 산 이름이다.

비 오는 밤

밤들어 산방에 오래 앉아 있으니
창밖에 빗소리 급하기도 해라.
방 안엔 쓸쓸히 아무도 없고
등불의 불꽃만 떨어지려 하네.
웅웅 파리 소리
한들한들 맑은 향 연기.
이런저런 책들 어지러이
내 앞에 흩어져 있네.
아이를 부르니 대답은 없고
코 고는 소리만 우레 같아라.
뜰의 오동나무에 바람이 이니
주렴과 장막이 밀거니 당기거니.
문득 느낀 바 있어 잠 못 이루는데
풀벌레 울음소리 구슬프네.
십 년 세월 생각하니
비분강개한 마음에 흰 머리만 늘었네.
기쁜 건 내가 자연에서 늙어

세상의 시비 속에 떨어지지 않은 일.
흡사 구름 속에서
굳센 날개로 날아 새장을 벗어난 듯.
이런저런 생각에 밤 지새니
비 그쳐 처마엔 물 듣는 소리.
일어나 난간에 기대니
반짝반짝 반딧불이 눈에 드누나.

―

山堂夜坐久, 窓外雨聲急. 四壁悄無人, 靑燈花欲滴. 薨薨蒼蠅聲, 裊裊淸香煙.
紛紛書冊橫, 狼籍置我前. 童子喚不應, 鼻鼾聲如雷. 庭梧風正起, 簾帳相排推.
感此不能寐, 草虫吟正哀. 因思十年事, 慷慨添華髮. 喜我老林泉, 無復墮刺刺.
恰似雲際中, 勁翮飛籠脫. 耿耿達申朝, 雨霽簷溜滴. 復起憑欄干, 水螢光熠熠.

―

산방(山房)에 홀로 앉아 이 생각 저 생각에 잠 못 이루는 마음이 잘 느껴진다. 밤 지새고 나서 만난 반딧불이 하나가 세상에 대한 끝없는 절망 뒤에 남은 한 가닥 희망처럼 보인다.

이 몸 또한 꿈일지니

평생 선비로 먼 곳 떠돌아
강호에 한적한 이름을 얻었네.
끝내는 이 몸 또한 꿈일지니
일생에 일 없기로 나만한 이 있을까?

나는 방학 맞은 아이들 모양
산 그리며 돌 쌓고 소나무 심는다네.
십 년 세월 세상 밖에 사노라니
영예도 치욕도 알 길이 없네.

―

百年書劍走長途, 剩得閑名滿五湖. 畢竟此身俱是夢, 一生無事莫如吾.
我似兒童放學時, 思山疊石植松枝. 十年蹤跡煙霞外, 榮辱由來兩不知.

―

사람들은 모두 이름 빛낼 일에 골몰하는데 홀로 일 없이 돌을 쌓고 소나무 심는 심정은 어떤 것일까. 세상의 영욕도 모두 부질없는 일, 이 몸 또한 꿈이라는 독백이 천진난만한 아이의 표정과 겹쳐져 오히려 슬픔을 자아낸다.

소나무 엮어 오두막 짓고

바위에 기대 지은 작은 오두막
간신히 내 몸 하나 들어가겠네.
낙엽으로 자리 삼고
삭정이로 지붕 받쳤지.
지붕은 소나무로 이으니
방이 작아도 마음은 즐겁다네.
구름 노을은 장막이 되고
푸른 산은 병풍이 되지.
원숭이와 산새가 내 식구
한마음이 되었네.
나는 본래 방랑하는 사람
산수 간에 배회하네.
자연에 이미 길들여져
살아가는 건 마른 풀에 의지하네.
바라건대 세한(歲寒)의 맹세 맺어서
즐거움이 다하지 않았으면 하네.

一

倚巖架小廬, 僅得容我軀. 落葉以爲氈, 枯査以爲櫨. 葺之兮松檜, 室小心愉愉.
雲霞爲帳幄, 碧山爲屛風. 猿鳥爲伴侶, 得我心所同. 我是放浪人, 夷猶雲水中.
物性亦馴擾, 飮啄依枯叢. 願結歲寒盟, 行樂無終窮.

장막은 구름 노을, 병풍은 푸른 산, 작은 오두막 짓고 자연 속에 사는 모습이 평온하다.
'세한'은 『논어』(論語)의 "날이 추운 뒤에야 소나무와 잣나무가 더디 시듦을 안다"라는
구절에서 따온 말로, 어려울 때에도 변치 않는 우정이나 의리를 뜻한다.

온종일 잠에 빠져

종일 잠에 빠져 누워
게으름에 문밖을 나가지 않네.
상 위에 던져진 책 더미
이리저리 뒤섞여 짝이 맞지 않네.
화로에는 향 연기 일고
돌솥엔 차 끓는 소리.
몰랐구나, 해당화 꽃잎이
온 산 내린 비에 다 진 줄도.

竟日臥耽睡, 懶慢不出戶. 圖書拋在床, 卷帙亂旁午. 瓦爐起香煙, 石鼎鳴茶乳.
不知海棠花, 落盡千山雨.

아무런 바쁜 일 없이 한가한 모습이 좋다. 향 연기에 차 끓는 소리, 뜰 가득 떨어진 해당화 잎까지 참으로 아름다운 풍경이다.

몸과 그림자 1 — 몸이 그림자에게

너와 괴로이 얽혀서
얼마나 함께 다녔는지?
달빛과 등불 아래선 네가 나를 따르지만
빛 없는 곳에서 넌 어디로 가니?
기쁨과 슬픔을 함께했지만
늘 여기 있음을 알지 못했다.
내가 고요하면 너도 고요하고
내가 움직이면 너도 약속이나 한 듯.
때맞추어 어디서 오는 건지
눈 감고 가만히 생각한다.
말하고 춤출 적엔 와도 좋지만
눈물 흘릴 적엔 곁에 있지 마라.
새벽녘 거울 닦고 보면
나와 같아 조금도 다르지 않네.
평생 동안
기쁨을 함께하며 살아가자꾸나.

與汝苦相累, 相從能幾時. 月燈汝隨我, 處陰汝何之. 同處悲歡中, 不知常在玆.
我靜汝亦靜, 動則如有期. 適從何處來, 瞑目時紬思. 相期辭舞中, 莫伴涕交洏.
向曉拭鏡看, 似我無復疑. 願言百歲內, 爲歡君勿辭.

'몸'이 언제나 자신의 곁을 지켜 주는 유일한 벗 '그림자'에게 말을 건다는 발상이 흥미롭다. 자신의 기쁨은 함께 나누고 싶지만 슬픔은 자신만의 것으로 두고 싶다는 마음이 애잔하다.

몸과 그림자 2 — 그림자가 몸에게

너는 내가 기댈 곳
너와 한가지로 옹졸함 지켰지.
만 길 티끌 세상 속에서
쫓고 쫓기는 일 어느 때나 그칠까?
때론 괴로운 일에 근심 일다가
문득 다시 기뻐지네.
어디든 널 따라가
잠시도 헤어질 수 없었네.
너는 술에 취해 깨어나지 말길
웃고 춤추면 온갖 생각 사라지나니.
우박 떨어지는 곳에 가지 말며
뜨거운 곳에도 가지 마라.
평생 쉬지 않고 달리거늘
내가 지치면 네 힘도 다할 테지.
어느 날 너와 함께 스러질 테니
누가 낫고 누가 못한지 가릴 수 없지.

嗟子我所依, 與君同守拙. 萬丈塵網中, 逐逐何時絶. 有時苦牽愁, 俄然又歡悅.
處處便相隨, 頃刻不能別. 願爾醉勿醒, 笑舞萬想滅. 莫作氷氏子, 亦莫趨炎熱.
終年擾擾馳, 我勞汝力竭. 一朝俱汝消, 誰人論勝劣.

앞의 시에 이어 이번에는 그림자가 몸에게 말을 건넨다. 몸과 그림자가 말을 주고받는
형식이 재미있지만, 읽을수록 김시습의 외로움이 느껴진다.

뱀

네 모습 훌륭해라, 독 있다지만
머리 깎고 살신성인(殺身成仁) 이르렀으니.
산초나무 그늘에선 기세 좋더니
속세 사람 발소리엔 깜짝 놀라네.

渡嘉爾槖形雖至毒, 殺身摩頂便成仁. 蜿蜒得意椒陰裏, 時聽跫音驚俗人.

1463년 무렵 경주 금오산(金鰲山)에 머물던 때 쓴 시이다. 한 마리 뱀에게서 김시습 자신의 모습을 발견한 것으로 해석하면 재미있다. 속으로는 독을 품었으면서 인(仁)을 이루고자 하며, 산수 간에 숨어 지낼 적에는 득의만만하다가도 세속 사람들과 가까이할 양이면 깜짝 놀라 흔들리는 자신을 뱀에 빗대어 보았다는 것이다.

새벽에 일어나

늙으매 긴 밤 괴로워
시름으로 맑은 시 짓는 일 적네.
산새가 새벽을 알리기에
반가워 돌아보니 창이 벌써 밝았네.
일어나 동방을 보니
환한 노을은 어찌 그리 아득한가?
이슬 떨어져 댕댕이 자라고
구름 걷히니 먼 산이 촉촉하네.
문득 알겠구나, 세상 버린 사람들
한가로운 마음 맑고도 쓸쓸한 줄을.

老去苦夜長, 愁來淸吟少. 山禽報五更, 喜看窓已曉. 起來眄東方, 明霞何縹緲. 露墜靑蘿長, 雲卷遠山澆. 頓覺遺世人, 閑情頗淸悄.

밤 지새우고 바라보는 새벽의 한적한 풍경이 인상적이다. 세상 버린 사람의 한가로운 마음에 쓸쓸함이 배어 있다는 생각이 새벽 풍경과 함께 여운을 남긴다.

내 밭엔 잡초 무성하고

내 밭 몇 마지기
산골짝에 붙어 있네.
콩 심고 잡초 뽑지 않아
풀만 무성하고 콩은 드물다오.
하늘을 우러러 콧노래 부르며
가만히 옛사람들 생각해 보네.
인생은 즐기는 것
부귀는 내 몸을 고달프게 할 뿐.
내 신세 염려 마라
잘되고 못 되는 건 저 하늘에 달렸으니.
사람들이 비웃고 수군대는 소리
세상과 나는 모순인가 봐.
도연명(陶淵明) 시나 화답하다가
때가 되면 죽으리라.

―

我有數畝田, 高下依巖碕. 種豆蕪不治, 草盛豆苗稀. 仰天歌嗚嗚, 靜言思古人.

人生行樂耳, 富貴勞我身. 我身勿復慮, 否泰在蒼旻. 衆人正啁噍, 世我相矛盾. 細和淵明詩, 乘化以歸盡.

농부에게는 미안하지만, 콩보다 잡초가 더 많은 밭이라니 김시습의 게으른 전원생활이 눈에 선하다. '도연명'(陶淵明)은 육조 시대(六朝時代)의 시인으로, 속세를 떠나 전원에 은거하며 담박한 시를 즐겨 짓던 인물이다.

잔설

수풀 너머 잔설(殘雪) 있는데
일천 봉우리엔 바람이 세차네.
빽빽한 나무 사이
때때로 산새가 우짖네.
이 소리 들으니 마음이 구슬퍼
일어나 노래하고는 도로 웃음 짓네.
사람이 하늘과 땅 사이에 태어나
즐거운 건 공을 세워 이름 날리는 일.
어찌 그걸 헌신짝처럼 버리고
산수 속에 멋대로 떠다니고픈 마음뿐인가?
네 얼굴 날마다 늙어 가고
세월은 계속 바뀌누나.
초심(初心)을 지켜서
담박하게 이 생 마치려 하네.

―

隔林殘雪在, 千峯風料峭. 蕭森萬木中, 時有山禽叫. 聽此意慘悽, 起歌還自笑.

人生天地間, 所樂爲功名. 奈何棄如屣, 放曠丘壑情. 爾顔日以頹, 年光相遞更. 固宜守素志, 淡泊終平生.

세상을 버렸으나 외로움 속에 이룬 것이 아무것도 없음에 회한이 밀려든다. 명성에의 헛된 집착을 버리겠다는 처음의 마음을 지키리라는 의지를 다시금 되새긴다. 김시습은 거침없이 외길을 간 사람이 아니라, 이처럼 늘 갈등하고 고민하며 마음을 다스려야 했던 평범한 사람이었던 것 같다.

한 줄기 햇살 빌려다가

구름보다 하얀 종이 장막 치고
동쪽 창 열어 둔 채 이 밤 지새우네.
꿈에라도 당신 보고픈데 잠은 안 오고
몇 줄기 향 연기만 줄어들었네.

나는 꽁꽁 언 백척(百尺)의 빙벽(氷壁)
당신은 높이 솟은 한 줄기 햇살.
당신의 한 줄기 햇살이
백척 빙벽 이 몸을 녹여 줬으면.

밤 다하지 않았는데
별은 서편으로 가고 달빛이 침상에 스며드네.
정 많은 게 이 세상 가장 괴로워
몸 뒤척이고 잠 못 이루며 애간장만 타네.

一片紙帳白於雲, 夜撒東窓直到昕. 擬夢情人眠不得, 數條香線減三分.

儂如百尺陰崖氷, 爾似一竿陽曦騰. 願借一竿朝陽暉, 銷我百尺陰崖凝.

夜如何其夜未央, 星移西嶺月侵床. 人間最是多情苦, 展轉不寐空斷腸.

김시습의 시로는 이례적으로 남녀 간의 애정을 노래한 작품이다. 백 척 벼랑 밑의 얼음처럼 꽁꽁 얼어붙은 나를 한 줄기 햇살처럼 따스한 그대 마음으로 녹여 주기 바란다는, 간절한 마음을 참신한 비유를 빌려 표현했다.

한잔 술에 취해 1

세상에 대도(大道)가 사라졌으니
누구에게 속마음 털어놓을까?
술이 천 가지 근심 떨어낼 만하니
죽은 뒤의 이름일랑 돌아볼 것 없네.
내가 따르고 내가 마시며
유유자적 한평생 즐겨 보세나.
복사꽃 오얏꽃 보았더니
어느새 가을바람 불어오누나.
이러구러 세월 바뀌지만
나는 아무것도 이룬 게 없네.

—

大道旣不行, 誰與抒中情. 酒可祛千慮, 不顧身後名. 自酌復自飮, 逍遙歡平生.
已見桃李花, 忽爾秋風驚. 冉冉時代序, 淹留空無成.

대의(大義)가 무너진 세상, 외롭고 무기력한 자의 시름을 떨쳐 줄 벗은 술뿐이다. 내가 따르고 내가 마시는 참담한 심정, 누구에게도 진심을 털어놓을 수 없는 쓸쓸한 마음이 느껴진다.

한잔 술에 취해 2

나는 본래 세상 밖 사람
우연히 세상 밖의 경지 찾았네.
술 취하면 기분 좋아
오똑하니 깨어 있기 싫네.
의기는 양양하고
행동은 단속할 줄 모르네.
이 몸은 거만하게 웃어도
이 마음은 늘 깨어 있다네.
우러러 우주를 보면
하늘의 이치 참으로 분명하네.

—

我本人外人, 偶尋人外境. 醉鄕且陶然, 兀爾不願醒. 意氣頗自得, 動作無所領.
此身或笑傲, 此心常悟穎. 仰視宇宙間, 至理誠煥炳.

한잔 술로 세상 근심을 잊기에는 마음이 너무 예민하다. 술에 취해 거만한 몸짓으로 세상을 비웃으면서도 시인의 마음은 언제나 깨어 세상의 참된 이치를 살핀다.

한잔 술에 취해 3

세상 사람들 생업에 얽매여
구구히 집과 땅 차지하지만
나는 한잔 술에 취해
자연 속으로 자취 감췄네.
가만히 생각하니 천지간에
사람살이 백 년이 채 못 되네.
바야흐로 검은 머리 기뻐하다가
홀연 서리 낀 백발 탄식하겠지.
내 멋대로 사는 일 뜻에 맞으니
하루하루 애석할 것 무어 있으랴?

—

世人愛生業, 區區占田宅. 我醉一杯酒, 林泉知晦跡. 靜想天地間, 人生不滿百.
方喜綠雲鬢, 忽歎霜華白. 放曠須適意, 此日足可惜.

———

짧은 인생, 예나 지금이나 사람들은 집과 땅을 얻겠다고 바둥거린다. 일생을 허둥대다 백발이 되어 허탈해 하느니 남이야 뭐라든 내 갈 길을 가겠다는 의연함으로 시인은 마음을 다진다.

인간 세상에 떨어져

꼿꼿이 뻗은 천 길 전나무
바위 골짝에 우뚝 솟아올랐네.
바람 우레 몇 해나 맞섰던가
줄기며 가지가 오롯이 곧네.
하룻밤 눈꽃 맞으면
더부룩한 모습 함치르르해지네.
예전에 듣자니 동해 바다 어느 섬에
옥 나무며 옥 꽃을 심었다던데
귀신이 옮겨다가
이 골짝에 심은 걸까?
나는 본시 신선 땅 나그네인데
인간 세상에 잘못 떨어진 신세.
옛날 살던 궁궐은
황금과 옥이 뒤섞여 환히 빛났지.
따뜻한 바람 옥 나무에 불면
가지끼리 부딪쳐 맑은 소리 울렸네.
천상의 음악이 울려 퍼져

귀와 눈을 기쁘게 했네.
다시 가서 노닐 텐데
오늘 이 광경 보니 지난날 생각나네.
풍경을 즐기며 감회에 젖었는데
무성한 가지에 깃든 학이 날아오르네.
학이 길게 울며 내 위로 날아가니
날개 없는 이 몸이 한스럽구나.
어떡하면 너를 따라 노닐며
너와 나란히 구름 위로 나래 펼까?
너는 돌아가 내 말 좀 전해 주렴
인간 세상에 나 살기 어렵다고.
양귀비(楊貴妃)에게 안부 전하고
이태백(李太白)에게도 인사 전해 다오.
선약(仙藥)은 언제 만들 건지
반도(蟠桃)는 몇 개나 열렸는지.
봉래(蓬萊) 바다 맑고 얕을 적에
만나서 함께 아름다운 풀 줍기를 기약하더라고.

―

亭亭千丈杉, 挺然聳嚴壑. 幾歲排風雷, 卓然枝幹直. 一夜雪花粘, 鬖鬆淨鬐鬣.

昔聞東溟島, 瓊樹瑤花植. 無乃神鬼輪, 俄然移此谷. 我是玄圃客, 人間今誤落.
緬想舊宮闕, 金玉煥交錯. 和風吹玉樹, 枝柯鳴相拍. 有如韶鈞鳴, 欣然悅耳目.
會當復重遊, 覩此念夙昔. 翫之感移時, 繁枝擺巢鶴. 長鳴過我去, 自嘆無羽翼.
安得從之遊, 伴汝凌雲翮. 汝歸煩寄語, 人間不可托. 爲問楊玉環, 兼訊李太白.
玄霜幾時擣, 蟠桃幾枝好. 蓬萊若淸淺, 相期拾瑤草.

천 길 솟은 전나무에 눈 내린 모습이 마치 신선 세계에 피는 옥 꽃처럼 보였던 듯하다. 이에 시인은 세상과 늘 불화 상태인 자신이 아마도 인간 세상에 유배 온 신선이리라며 상상의 날개를 펼친다. '반도'는 신선이 먹는 복숭아이고, '봉래'는 동해에 있는 신선이 산다는 산 이름이다.

홀로 부르는 여섯 노래

나그네여 나그네여, 그 이름 동봉(東峯)
헝클어진 백발에 볼품없구나.
스무 살 되기 전에 문무를 배웠거늘
시원찮은 선비 모양 하기 싫었지.
자고 나니 쌓은 공부 뜬구름 되어
물결 가는 대로 떠도니 뉘와 함께할꼬.
어허, 첫째 노래여! 노래 몹시 슬프구나
아득한 하늘도 모르는 일 많도다.

지팡이여 지팡이여, 까끄라기도 많지
너를 잡고 산 넘고 물 건너 천지 사방 떠돌았네.
북으론 말갈 땅, 남으론 해 뜨는 곳
시름 가득한 내 마음 묻을 곳 어디멘고?
해는 지고 길은 멀어 내 갈 곳 아득하니
어찌하면 바람 타고 구만 리 날아갈까?
어허, 둘째 노래여! 노랫가락 낮고 높구나
북풍이 날 위해 처량히도 불어오네.

외할아버지 외할아버지, 갓난아기 아끼시어
내 옹알이 소리 듣고 기뻐하셨네.
걸음마 배우고 나니 글공부 가르치셔
내가 지은 시편들이 꽤나 고왔지.
세종 대왕 들으시고 궁궐로 부르사
큰 붓 한 번 휘두르니 용이 날아올랐다네.
어허, 셋째 노래여! 노래 몹시 지루하다
뜻 이루지 못하고 세상과 어긋났네.

어머니 어머니, 맹모(孟母) 같은 내 어머니
고생고생 기르며 세 번 집을 옮기셨네.
일찌감치 공자(孔子) 공부하게 하신 건
요순(堯舜) 시절 회복하길 기대해서지.
어찌 알았으리, 선비란 이름이 외려 날 그르쳐
십 년 세월 분주하게 험한 산길 달릴 줄을.
어허, 넷째 노래여! 노래가 우울하다
효성스런 까마귀 반포(返哺)하며 산골에서 지저귀네.

파란 하늘 쓸어 버린 듯 구름 한 점 없는데
거센 바람 쏴아쏴아 메마른 초목에 불어오네.

우두커니 서서 근심스레 하늘 바라보니
나는 좁쌀만한데 하늘은 어이 저리 아득한고.
내 삶은 어이하여 이리 고독하면서도
좋아하는 게 남들과 같지 못할까.
어허, 다섯째 노래여! 노래가 창자를 끊는다
돌아가고픈 이내 영혼 사방에 갈 곳 없네.

활시위 당겨 사악한 별 쏘려 했더니
옥황상제 사는 별이 하늘 가운데 있네.
긴 칼 뽑아 여우 베려 했더니
백호(白虎)가 산모퉁이 지키고 섰네.
북받치는 설움 풀지 못하고
휘이 하고 휘파람 불지만 곁에 아무도 없네.
어허, 여섯째 노래여! 노래가 한숨이 된다
씩씩한 뜻은 무너지고 괜시리 수염만 쓸어 보네.

—

有客有客號東峯, 鬖髿白髮多龍鍾. 年未弱冠學書劍, 爲人恥作酸儒容. 一朝家業似雲浮, 波波挈挈誰與從. 嗚呼一歌兮歌正悲, 蒼蒼者天多無知.

枊檴枊檴枝多芒, 扶持跋涉遊四方. 北窮靺鞨南扶桑, 底處可以埋愁腸. 日暮途長我行遠, 安得扶搖搏九萬. 嗚呼二歌兮歌抑揚, 北風爲我吹凄涼.

外公外公愛我嬰, 喜我期月吾伊聲. 學立亭亭誨書計, 七字綴文辭甚麗. 英廟聞之召丹墀, 巨筆一揮龍蛟飛. 嗚呼三歌兮歌正遲, 志願不遂身世違.

有孃有孃孟氏孃, 哀哀鞠育三遷坊. 使我早學文宣王, 冀將經術回虞唐. 焉知儒名反相誤, 十年奔走關山路. 嗚呼四歌兮歌鬱悒, 慈烏返哺啼山谷.

碧落無雲天似掃, 勁風浙浙吹枯草. 佇立窮愁望蒼昊, 我如粃米天何老. 我生何爲苦幽獨, 不與衆人同所好. 烏虖五歌兮歌斷腸, 魂兮歸來無四方.

操余弧欲射天狼, 太一正在天中央. 撫長劍欲擊封狐, 白虎正負山之隅. 慷慨絶兮不得伸, 劃然長嘯傍無人. 嗚呼六歌兮歌以吁, 壯志濩落兮空撚鬚.

김시습이 수락산(水落山)을 떠나 관동 땅에 머물던 1485년 무렵 지은 작품이다. 50세의 김시습이 일생을 돌아보며 토로하는 말들이 너무도 처연하다. 평생을 떠돌았지만 시름 가득한 마음을 묻을 곳 없고, 고독이 괴로우면서도 홀로일 수밖에 없는 자기 운명에의 탄식이 깊은 울림을 준다.

밤에 부르는 노래

푸른 산 초가집 안
백발이 근심과 함께하네.
남들과 만나서는 항상 말없이
눈물 훔치며 아무 이룬 일 없음을 한탄하네.
장대하던 뜻은 해마다 줄어들고
나이만 들어 날마다 시들어 가네.
물어보자, 지금 세상에
나처럼 이룬 것 없는 이 몇이나 될지?

늙는 건 싫지 않다만
헛되이 사는 건 정말 부끄럽군.
공자(孔子)는 후생가외(後生可畏)라 했고
굴원(屈原)은 옛날의 현인(賢人)을 본받는다 했지.
한세상 근심 없이 살았지만
어떻게 죽느냐 이게 근심이라오.
세상 소식 어두운 채로 내 나이 오십
그만두자, 누구를 탓할까.

환한 달이 세상 모든 산 비추는데
오늘밤 내 마음 휑하기만 하네.
한번 눈 들어 보고 도로 눕자니
구름에 가리었다 다시 밝아지네.
세상사 흥했다간 또 망하고
달은 이지러졌다 또 둥글어지네.
고금의 일 모두 이와 같나니
뜬구름 같은 인생에 한숨지을 따름이네.

―

靑山茅屋裏, 白髮與愁幷. 對人常不語, 抆淚歎無成. 壯志年年減, 頹齡日日傾. 問今知幾輩, 似我少功名. 老去政不厭, 徒生眞可羞. 宣尼猶後畏, 屈子法前脩. 一世雖無患, 終身只可憂. 寡聞今五十, 已矣竟誰尤. 皎皎千山月, 寥寥此夜情. 眼看時復臥, 雲翳更回明. 世事隆還替, 空蟾缺又盈. 古今如此耳, 寄以歎浮生.

나이 오십에 움츠러든 시인의 모습이 처량하다. 나이 드는 걸 싫어하는 만큼 헛되이 사는 걸 부끄러워할 줄 안다면 우리 삶이 좀 더 풍요롭지 않을까? 어떻게 죽느냐, 정말 근심할 일이다. '굴원'은 전국 시대 초나라의 충신으로, 임금이 간신의 말을 믿고 자신을 추방하자 강물에 몸을 던져 자살했다.

나의 일생

내 맘과 세상일 서로 반대라서
시 말고는 즐길 일이 없네.
술 취한 즐거움도 순식간
달콤한 잠도 찰나라네.
이익 다투는 소인배에 분노했었고
변방의 오랑캐를 걱정했었지.
임금께 밝은 뜻 바칠 길 없어
어허! 눈물 닦으며 길이 탄식하네.

어릴 적 부름 받고 궁궐에 가니
임금께서 비단옷을 내려 주셨네.
승지는 날 불러 무릎에 앉히고
환관은 붓 휘둘러 글 쓰라 했네.
영특한 아이라고 너도나도 말했고
봉황이 나왔노라 서로 보려 했네.
어찌 알았으리 모든 일 끝장나고
이처럼 찌부러져 늙게 될 줄을.

태어난 지 여덟 달에 말 알아듣고
세 돌 지나선 글을 지었네.
비와 꽃을 읊어 시를 만들고
사람의 성정(性情)을 환히 알았네.
정승께서 우리 집에 납시었고
종친들은 귀한 책 선물하셨네.
훗날 내가 벼슬하면 큰 학문으로
어진 군주 보좌하길 기대하셨지.

열세 살에 어머니 돌아가시고
외할머니 손에 자랐네.
얼마 안 가 외할머니 세상 뜨시니
홀연 세상살이 쓸쓸해졌네.
벼슬할 마음은 적어지고
산수에 깃들일 생각 커져 갔네.
원하기는 세상사 모두 잊고서
내 뜻대로 산언덕에 눕는 일이었네.

커서는 불교에 의탁했지만
일체가 공(空)이란 뜻 찾으려던 건 아니었네.

부귀영화 애초부터 입에 담은 적 없으니
잃고 얻는 건 관심 없는 일.
내 속을 아는 건 오직 밝은 달뿐
푸른 연못 두고 맹세하였네.
나를 기리는 이들에게 부끄러워라
내게 준 게 많건만 언제나 가난뱅이니.

한스러운 건 조상 제사 끊어진 일
가슴 답답한 건 젊은 날의 기대 저버린 일.
황하(黃河)가 맑기를 바란 지 오래나
옥황상제가 보낸 선학(仙鶴)은 도착이 더디구나.
나와 세상은 심하게도 어긋났고
세월은 이러구러 하염없이 흘러가네.
하늘이 나를 어여뻐 여기신다면
반드시 뒤바뀔 날 있으리.

―

心與事相反, 除詩無以娛. 醉鄕如瞬息, 睡味只須臾. 切齒爭錐賈, 寒心牧馬胡.
無因獻明薦, 抆淚永嗚呼.
少小趨金殿, 英陵賜錦袍. 知申呼上膝, 中使勸揮毫. 競道眞英物, 爭瞻出鳳毛.

焉知家事替, 零落老蓬蒿.

八朔解他語, 三朞能綴文. 雨花吟得句, 聲淚手摩分. 上相臨庭宇, 諸宗覬典墳.
期余就仕日, 經術佐明君.

失母十三歲, 提携鞠外婆. 未幾歸窀穸, 生業轉懡㦬. 簪笏纓情少, 雲林着意多.
唯思忘世事, 恣意臥山阿.

壯入遠公社, 非求幻化談. 榮華曾不齒, 失得已無堪. 知己唯明月, 寒盟有碧潭.
多慙譽我者, 遺贈長吾貧.

可恨顓宗祀, 關心負素期. 河淸俟望久, 鶴詔下來遲. 身世乖違甚, 年光荏苒移.
天公如憫我, 必有否傾時.

어린 시절 신동으로 소문나 세종 대왕에게까지 불려 가 격려 받았으나, 젊은 날의 기대와는 달리 평생을 방랑하며 세상과 불화할 수밖에 없던 김시습의 일생이 애달프다.

길 위의 노래

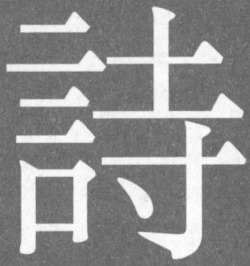

짚신 신고 발길 닿는 대로

온종일 짚신 신고 발길 닿는 대로 가노라니
산 하나 넘고 나면 또 산 하나 푸르네.
마음에 집착 없거늘 어찌 육체의 종이 되며
도는 본래 이름 할 수 없거늘 어찌 이름을 붙이리.
간밤의 안개 촉촉한데 산새들은 지저귀고
봄바람 살랑이니 들꽃이 환하네.
지팡이 짚고 돌아가는 길 일천 봉우리 고요하고
푸른 절벽에 어지런 안개 느지막이 개네.

―

終日芒鞋信脚行, 一山行盡一山靑. 心非有像奚形役, 道本無名豈假成. 宿霧
未晞山鳥語, 春風不盡野花明. 短筇歸去千峯靜, 翠壁亂煙生晩晴.

―

김시습이 전라도 순천 조계산(曹溪山)에 있는 송광사(松廣寺)에서 가르침을 받았던 승려 준(峻)에게 준 시이다. 산 하나 넘으면 또 산 하나, 가도 가도 끝없는 외로운 방랑길이지만 정다운 정취가 있다. 당대 제일의 비평적 감식안을 갖고 있던 허균(許筠)은 이 시를 두고 "진여(眞如)를 깨달은 경지"라고 평한 바 있다.

시골 풍경

언덕에 기댄 초가집 한 칸
마당 한켠에선 노부부의 이야기가 한창.
벼슬이 영예인 줄 평생 모르고
한 해 농사 잘된 것만 자랑이라오.
시냇물 다리 위로 해 떨어지니 소들이 돌아오고
가을 언덕에 바람 높아 벼 냄새 향기롭네.
아이놈 술 사 오기 기다렸다가
밥 짓고 사람들 불러 함께 마시네.

―

一間茅屋倚山岡, 場畔翁姑語正長. 未解平生榮爵祿, 只誇卒歲富農桑. 溪橋日晚牛羊下, 秋壟風高禾秫香. 待得兒童沽白酒, 旋炊菰飯喚人嘗.

―

세상의 이욕옐랑 관심도 없이 올해 농사 잘된 것에 흡족해 하는 시골 사람의 마음, 한가롭고 포근한 시골 풍경에 마음이 훈훈해진다.

천마산에서

뾰족한 봉우리 은하수에 꽂혀
기이한 경치 신비로움 간직했고나.
구름 걷히니 일천 바위 고요하고
꽃이 피니 온 골짝에 향기가 가득.
안개 노을 자욱이 떠 있고
솔바람 소리 쓸쓸하여라.
산꼭대기는 인간 세상 아니니
허공에 기대어 저 멀리 바라보고저.

―

尖峯高挿漢, 異境閟神藏. 雲捲千巖靜, 花開一澗香. 煙霞浮靉靆, 松檜響凄凉. 絶頂非人世, 憑虛試欲望.

1458년 관서(關西) 유람 중에 천마산(天磨山)에서 쓴 시이다. 천마산의 신비로운 경치와 하늘에 올라 먼 곳을 바라보는 시원한 기상이 조화를 이룬다.

박연폭포를 보고

푸르른 만 길 낭떠러지 얼마나 웅장한가!
위에 넓은 못 있으니 깊이 일천 척.
잠자던 용 깨어나 분노를 참지 못해
진주 구슬 천만 섬을 뿜어냈다지.
진주 구슬 일만 섬 푸른 절벽에 쏟아부으니
산도깨비 슬피 울고 인어(人魚)도 대경실색.
인어가 옥황상제께 아뢰자
상제는 강물의 신을 시켜 부숴 버렸네.
부서진 구슬 이슬이 되어
맑은 시내로 흐르니 맑고 밝았네.
맑디맑게 울다가 쇳소리 내며
천리만리 흘러흘러 바다로 향했네.
마침내 동굴을 이루고 산을 일으켜
땅을 박차고 하늘을 흔드는 천둥소리.
바다의 신이 일어나 춤추며 노니나니
처음 물 나온 곳이 장대하고 우뚝함을 알겠도다.
푸르른 만 길 낭떠러지 어찌 저리 웅장한지!

蒼崖萬丈何雄哉, 上有泓潭千尺深. 蟄龍睡起怒不禁, 噴出明珠千萬斛. 明珠萬斛瀉蒼壁, 山鬼愁泣鮫人驚. 鮫人上奏王皇京, 帝命巨靈渾擘碎. 碎盡明珠如沆瀣, 滾之淸溪澄且明. 琅琅鳴咽復鏦錚, 流向滄溟千萬里. 竟作玉穴瓊岑起, 蹴地掀天聲如雷. 海若起舞相徘徊, 固知出處壯且魁, 蒼崖萬丈何雄哉.

1458년 관서 유람 중에 쓴 시이다. 원제는 '표연'(瓢淵)인데, '송도(松都) 3절'의 하나로 유명한 '박연'(朴淵)을 달리 부르는 이름이다. '표'(瓢)와 '박'(朴)은 모두 박을 뜻하니, 연못의 모양이 박과 흡사하기에 이런 이름이 붙었다. 폭포수의 묘사가 대단히 웅혼하다.

장안사에서

소나무 그늘 속 유서 깊은 절
찾아가 똑똑 선방(禪房) 문 두드리네.
노승(老僧)은 참선에 들어 흰 구름에 싸였고
선학(仙鶴)이 와서 사니 맑은 운치 좋아라.
새벽 해 오를 적 금빛 불당 빛나고
차(茶) 연기 날리는 곳에 자던 용이 나래 치네.
맑고 한적한 경치 두루 찾아다니노라니
영광도 치욕도 모두 잊어버렸네.

―

松檜陰中古道場, 我來剝啄叩禪房. 老僧入定白雲鎖, 野鶴移棲淸韻長. 曉日升時金殿耀, 茶煙颺處蟄龍翔. 自從遊歷淸閑境, 榮辱到頭渾兩忘.

1459년 관동(關東) 유람 중에 금강산 장안사(長安寺)에서 쓴 시이다. 흰 구름에 싸인 선방의 노승, 햇빛에 금빛으로 물든 불당에 날리는 차 연기, 맑고 한적한 산사의 풍경에 마음이 평온해진다.

도미 나루를 지나며

도미 나루 물은 이끼보다 파란데
관동(關東) 가는 길 멀기도 멀구나.
등 뒤에 지팡이 비껴 메고 사람 돌아보지 않으며
맑은 강 그림자 속에 부질없이 배회하네.
강물이며 강에 핀 꽃 눈에 아른거리고
쌍쌍이 나는 갈매기와 술잔을 함께하네.
나는 본래 담박하고 호탕한 사람
만 리를 내 집 삼으니 마음 넓디넓어라.
지팡이 의지해서 골짜기 사이 가며
노래하고 껄껄 웃다 괜시리 머리 드네.
살아생전 벼슬도 바라지 않고
죽어 명성 남기기도 원하지 않네.
짚신 해지도록 떠다니다 스러지려 하니
오직 바라는 건 은자(隱者)로 기억되는 것.
솜 같은 봄 구름에 봄바람 일렁이면
훌쩍 소매 너울대며 강물 건너지.
때마침 흰 새 한 쌍 날아가더니

해맑은 강가에서 울며 날 기다리네.

―

渡迷之水靑於苔, 關東道路何遼哉. 橫擔榔檁不顧人, 淸江影裏空徘徊. 江水江花眼底迷, 兩兩白鷗同浮杯. 我曹自是淡宕人, 爲家萬里心恢恢. 杖藜扶我峽中走, 放歌大笑空翹首. 不願簪紱絆身前, 不願芳聲耀身後. 直將消底破芒鞵, 長願掛名匡廬阜. 春雲如絮春風起, 飄飄兩袂渡江水. 時見一雙白鳥飛, 相鳴遲我淸江沚.

1460년 관동 유람 중에 쓴 시이다. 도미 나루는 도미진(渡迷津) 혹은 도미협(渡迷峽)이라 했는데, 지금의 팔당 부근에 해당한다. 당시 김시습은 도미 나루, 양평, 원주를 거쳐 오대산으로 들어갔다. 집 없는 떠돌이 생활이지만 만 리가 내 집이라는 호탕한 마음이 시원하다.

해 저문 호남 땅

꽃 가득 나주성(羅州城)에 봄놀이 열렸건만
피리 소리 노랫소리 나그네 시름 일으키네.
관아 길 작은 매화는 비 맞아 봉오리 터지고
역(驛) 앞의 실버들은 바람 닿아 부끄럽네.
구름 떼 바다에 비끼더니 아련한 뿔피리 소리
달빛이 창 비출 제 기둥에 홀로 몸 기댔지.
해 저문 호남 땅 곱절이나 서글퍼라
오색구름 서북쪽이 나 살던 서울인가.

—

錦城花裏作春遊, 花底笙歌蕩客愁. 官路小梅經雨拆, 驛亭絲柳被風羞. 陣雲橫海時聞角, 珪月當窓獨倚樓. 日暮湖南倍惆悵, 五雲西北是神州沚.

1462년 호남 유람 중에 쓴 시이다. 아련한 뿔피리 소리에 낯선 땅의 아름다운 풍경이 돌연 쓸쓸한 마음을 일으킨다.

갈림길에만 서면

소나기로 앞마을 어둡더니
시냇물 온통 탁하네.
첩첩 봉우리가 나그네의 눈을 막고
깊은 골짜기 향해 한 줄기 길 나 있네.
파란 풀밭에 누런 송아지 잠들었고
푸른 낭떠러지엔 흰 원숭이 울부짖네.
십 년 세월 남북으로 떠다녔건만
갈림길에만 서면 애가 타누나.

—

驟雨暗前村, 溪流徹底渾. 疊峯遮客眼, 一徑入溪源. 靑草眠黃犢, 蒼崖叫白猿.
十年南北去, 歧路正銷魂.

산 하나 넘으면 또 하나 산, 정처 없이 떠다니는 방랑 시인의 모습이 눈에 선하다. 한평생 길을 걷지만 갈림길에만 서면 어디로 가야 할지 막막한 심정이다.

봄눈

하늘은 먹물빛, 땅은 은빛
천 점 만 점 이리저리 떠도네.
창밖에 푸른 솔 누가 꿋꿋하다 했나?
밤새 새로 난 흰 털 덥수룩한데.

아득히 먼 하늘
이윽고 번득여 매화 이마에 점을 찍네.
매화 이마 단장하라 봄이 재촉하니
따스한 바람이 연지 녹여 떨구네.

흙덩이 가르며 붉은 삽주 싹이 트고
눈 녹은 물이 푸른 이끼꽃 녹여 주네.
짙은 구름 함부로 푸른 하늘 가리자
찬 기운이 차(茶)나무의 노란 새 눈에 침범하네.

―

天如抹黑地如銀, 千點萬點浮逡巡. 窓外蒼松誰道耐, 一夜鬖鬆華髮新.

縹渺夭矯遠空薄, 荏苒閃點梅花額. 梅花額上春催粧, 暖風融冶鉛膏滴.
泥團腫拆紅朮芽, 雪汁嫩消靑苔花. 濃雲翳彼碧天色, 冷氣逼我黃金茶.

봄날 눈 내리는 정경, 특히 점점이 눈이 날려 매화에 떨어지는 모습이 탐미적이다. 먹물빛·은빛·흰색·붉은색·푸른색·노란색의 온갖 빛깔이 어우러져 봄눈 오는 날의 풍경을 화려하게 꾸민다.

가을

성긴 오동나무에 세찬 비 뿌리는데
이슬 머금은 가을벌레 풀숲에서 우네.
무심히 출렁이는 하얀 물결, 강은 달을 토하고
찬 빛이 잎새를 흔드니 대숲에 바람이 이네.

—

疏桐砌雨催更逼, 泣露秋蛩語草叢. 虛白漾波江吐月, 冷光搖葉竹生風.

짧은 시 한 편에 녹아든 시각적 이미지와 청각적 이미지의 조화가 놀랍다. '찬 빛이 잎새를 흔드니 대숲에 바람이 이네'라는 마지막 구절이 쓸쓸하면서 아름답다.

낙엽이 지면

낙엽 쓸지 마라
맑은 밤 그 소리 듣기 좋으니.
바람 불면 소리 쓸쓸하고
달 뜨면 그림자 어지럽네.
창 두드려 나그네 꿈 깨우고
섬돌에 쌓여 이끼를 덮네.
비에 젖은 그 마음 어찌할거나
빈산이 온통 파리해 보이네.

落葉不可掃, 偏宜淸夜聞. 風來聲摵摵, 月上影紛紛. 敲窓驚客夢, 疊砌沒苔紋.
帶雨情無奈, 空山瘦十分.

'비에 젖은 그 마음'은 '비에 젖은 낙엽의 마음'을 말한다. 섬세한 감수성을 지닌 시인에게는 낙엽도 쓸쓸하고 안타까운 심사를 지닌 벗이 된다.

달

오늘 밤 고향 산의 달
스물네 번째 밝게 떠올랐겠지.
시시각각 공부방 휘장을 비추고
밤새도록 청동 꽃병에 쏟아질 테지.
뜨락 나무에 달그림자 지고
문밖 기둥엔 빛이 잠겼으리.
오늘은 누구와 함께
여기 와 내 마음 위로해 줄까?

세상사 뒤집고 뒤집혀 예측할 수 없다지만
어찌 알았으리, 이 마을 왔다가
오래도록 바닷가의 나그네 되어
늙어 감에 눈물로 옷깃 적실 줄을.
객지 생활 오래라 술동이엔 술이 없고
설움이 많아 머리엔 서리가 내렸네.
오늘 밤 고향 산의 달
예전 그대로 소나무 집 비추고 있겠지.

—

故山今夜月, 二十四回明. 時時照書幌, 夜夜注銅罌. 落影庭前樹, 沈光戶外楹.
如今誰與共, 來此慰人情.

翻覆不可預, 焉知來此鄉. 海濱長作客, 老去一霓裳. 旅久樽無綠, 悲多鬢有霜.
故山今夜月, 依舊照松堂.

멀리 고향 산의 달을 그리며 드는 서글픈 마음을 노래한 시이다. 반평생 떠돌이 생활을 하게 될 줄 모르고 나섰던 길, 돌아보니 설움과 눈물뿐이다. 떠나온 지 오래건만 고향 집 풍경은 언제나 눈앞에 생생하다.

외나무다리

푸른 물 가로지른 외나무다리
그 다리 타고 푸른 아지랑이 속을 건너네.
양쪽 물가에 핀 이끼꽃 비 맞아 빛나고
일천 봉우리 가을빛은 구름 기대어 다가오네.
시냇물 소리 태허(太虛)의 이야기 빚어내고
솔바람은 먼 옛날 거문고 소리 이루네.
절은 여기서 멀지 않으리
원숭이 울고 달 밝은 곳이 동쪽 숲이니.

小橋橫斷碧波心, 人渡浮嵐翠靄深. 兩岸蘚花經雨潤, 千峯秋色倚雲侵. 溪聲打出無生話, 松韻彈成太古琴. 此去精廬應不遠, 猿啼月白是東林.

1483년경 탁발승의 모습으로 관동을 여행하던 중에 지은 시이다. 이 시에 대해 허균은 "초탈의 경지가 얼마나 드높은가!"라고 평한 바 있다. 물가에 빛나는 이끼꽃, 태초의 이야기를 담은 시냇물 소리, 솔바람 소리, 한 점의 속된 기운도 없는 맑은 이미지가 가득하다. '태허'(太虛)는 만물이 생기기 전의 상태를 말한다.

지팡이 비껴 메고

아이는 잠자리 잡고 할배는 울타리 치는데
자그만 시내 봄물에 가마우지가 목욕하네.
푸른 산 끝나는 곳 돌아갈 길 먼데
검은 등나무 지팡이 하나 비껴 메고 가네.

―

兒打蜻蜓翁撥籬, 小溪春水浴鸕鶿. 靑山斷處歸程遠, 橫擔烏藤一个枝.

1483년경 관동 유람 중에 지은 시로 추정된다. 할아버지와 손자가 함께하는 아늑한 봄날의 시골 풍경과 지팡이 하나 비껴 메고 떠다니는 시인의 고독한 뒷모습이 묘하게 겹쳐진다.

춘천 가는 길

관동 땅에 첫눈 날리니
춘성(春城)의 나무엔 잎이 드무네.
가을 깊은 마을엔 술이 있는데
나그네 길 오래니 밥상에 고기가 없네.
산이 멀어 하늘은 들판에 드리웠고
강이 멀어 땅은 허공에 닿았네.
외기러기 저문 해 너머 날아가는데
먼 길 온 말은 앞 길을 주저하네.

貊國初飛雪, 春城木葉疏. 秋深村有酒, 客久食無魚. 山遠天垂野, 江遙地接虛. 孤鴻落日外, 征馬政躊躇.

1483년경 관동 유람 중에 지은 시이다. 먼 산, 먼 강, 갈 길을 주저하는 말, 머나먼 나그네 길의 막막한 심정이 느껴진다.

소양정에 올라

나는 새 너머 하늘은 끝나려 하는데
시름 끝에도 한(恨)은 그치지 않네.
산줄기 북쪽에서 내려오고
강줄기 서쪽으로 흘러가네.
저 멀리 모래톱에 기러기 내려앉을 제
그윽한 언덕으로 배 한 척 돌아오네.
어느 때라 세상 던져 버리고
흥이 나서 이곳에 다시 올는지?

―

鳥外天將盡, 愁邊恨不休. 山多從北轉, 江自向西流. 雁下沙汀遠, 舟回古岸幽.
何時抛世網, 乘興此重遊.

―

관동 유람 중에 지은 시이다. 소양정(昭陽亭)은 춘천의 소양강 남쪽에 있는 정자 이름이다. 세상 인연을 완전히 끊어 버리지 못한 탓에 시인의 한은 사라지지 않는다.

청평사에 나그네 있어

나그네라 청평사에
맘껏 봄 산 즐겨 볼까.
새 울어도 외로운 탑은 소리가 없고
꽃이 져도 작은 시내 흘러간다네.
맛난 나물 제철 맞춰 잘도 자랐고
향기로운 버섯 비 맞더니 부드럽기도 하지.
흥얼거리며 걸어 신선 마을 들어서니
백 년 시름 단번에 사라지누나.

有客淸平寺, 春山任意遊. 鳥啼孤塔靜, 花落小溪流. 佳菜知時秀, 香菌過雨柔.
行吟入仙洞, 消我百年愁.

관동 유람 중에 지은 시이다. 청평사(淸平寺)는 춘천의 오봉산(五峰山)에 있는 절이다. 봄날 청평사의 한적하고 평온한 풍경에 시인은 신선이나 된 듯, 외로운 탑처럼 흐르는 시냇물처럼 초연한 마음을 되찾는다.

아침 해 돋을 적에

아침 해 돋으려 하니 새벽빛이 또렷한데
숲 안개 열리는 곳에 산새가 벗 부르네.
먼 산 위 푸른 하늘 창 열고 바라보니
봉우리 너머로 이웃 절의 종소리 들려오네.
소식 전하러 온 청조(靑鳥)는 약 달이는 부뚜막 엿보고
선계(仙界)의 벽도화(碧桃花)는 이끼 위에 점점이 지네.
신선이 옥황상제께 조회(朝會)하고 돌아와
소나무 아래서 한가로이 옛날 책을 펼치네.

―

朝日將暾曙色分, 林霏開處鳥呼羣. 遠峯浮翠排窓看, 隣寺踈鍾隔巘聞. 靑鳥信傳窺藥竈, 碧桃花落點苔紋. 定應羽客朝元返, 松下閑披小篆文.

관동 유람 중에 지은 시이다. 속된 기운 하나 없는 신선 세계를 엿보는 듯하다. '청조'는 신선 세계에서 소식 전하는 일을 한다는 새이고, '벽도화'는 신선 세계에 있다는 복숭아나무의 꽃이다.

높이 올라

저물녘 산빛이 좋아
오래된 역(驛) 누각에 올랐네.
말이 우니 사람들 먼 곳으로 가고
파도가 부딪치니 노 젓는 소리 부드러워라.
그 옛날 달빛 아래 놀았다던 흥취 부럽잖고
기나긴 타향살이의 근심 녹일 만하네.
내일 아침 관문을 나서면
구름 사이로 뭇 봉우리 빽빽하리라.

向晚山光好, 登臨古驛樓. 馬嘶人去遠, 波蹙棹聲柔. 不淺庾公興, 堪消王粲憂.
明朝度關外, 雲際衆峯稠.

관동 유람 중에 지은 시이다. 말 울음소리, 물결에 노 젓는 소리가 어우러진 강가의 저물녘 풍경이 한 폭의 그림으로 그려진다. 허균은 이 시를 두고 "고치고 다듬은 흔적이 없으면서도 예스럽고 전아하며 평담하고 고원한 작품"이라는 평을 붙인 바 있다.

봄 산에 짝 없이

봄 산에 짝 없이 혼자 걷는데
원숭이 쌍쌍이 앞뒤 따르네.
떡갈잎이 시냇물 덮어 계곡 길 아득하고
소나무는 바위에 누워 갈 길 막는다.
해마다 밤을 따 굶주림 면하고
곳마다 초가지붕 살기 좋구나.
내 일생 돌아보니 바쁜 일 적고
세상의 구속을 모르고 살았네.

―

春山無伴獨行時, 猿狖雙雙先後隨. 槲葉蔭溪迷小徑, 松槎偃石礙通岐. 年年收栗忘貧歉, 處處圍茅任適宜. 點檢一生忙事少, 世中韁勒不曾知.

―

관동 유람 중에 지은 시이다. 수풀 우거진 봄 산의 고즈넉한 풍경과 욕심 없는 마음이 좋다. 허균은 이 시에 대해 "흐름이 유유하고 평이하면서도 담박하고 고아하다"라는 평을 붙인 바 있다.

하늘에 묻는다

詩

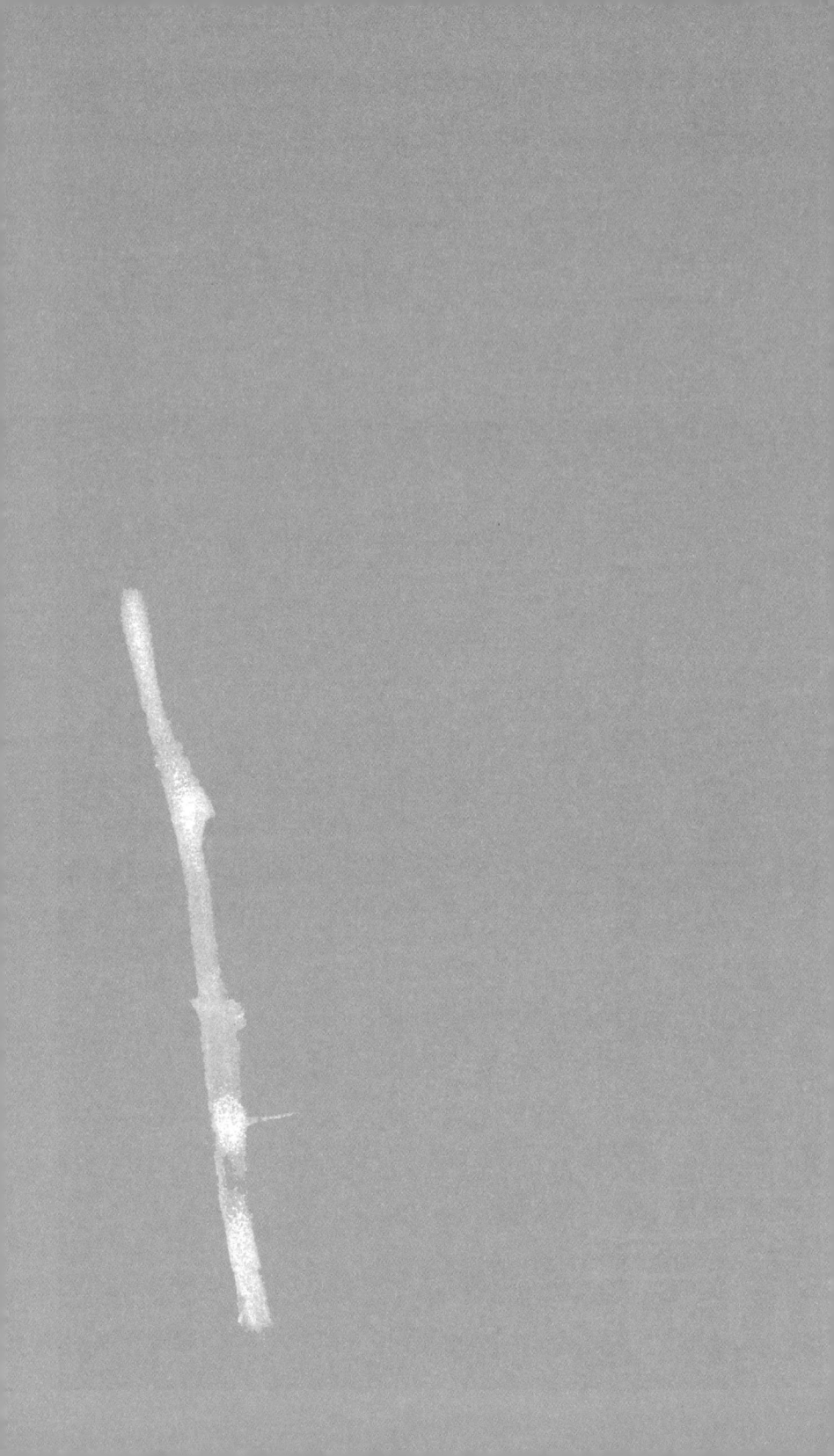

곧은 나무는 베이고

군자가 생각할 바
몸과 맘 온전히 지킬 일.
하잘것없이 속세에 허둥대는 건
자연에 묻혀 삶만 못하다네.
나무는 곧음 때문에 베이고
기름은 밝음 때문에 태워지네.
쓰일 데 없음이 외려 쓸 만한 것
이런 게 옛날 옛적 태평한 세상.

―

君子無所思, 所思在保全. 碌碌逐風塵, 不如歸林泉. 木以直而戕, 膏以明而煎.
無用足可用, 謂之羲皇天.

이익을 좇아 세상에 영합하다가는 몸과 마음을 지키지 못하고 결국 '나'를 잃게 된다.
아무에게도 쓰이지 않는 존재의 '쓰임', 수많은 '나'가 모여서 이루는 평화로운 세상에
대해 생각하게 하는 시이다.

어지러운 세상

어지러운 세상 변고도 많아
서글피 내 맘 상하게 하네.
아침엔 승냥이 두렵고
저녁엔 가시나무 숲 피해야 하지.
이러구러 해는 지고
바야흐로 시간은 쏜살같이 지나가네.
사나이 대장부
어이 포부를 펴지 못하나?
인생이란 숫돌과 같아
때가 되면 모두 닳고 마는 법.
세상에 나고 들기를 삼가야 할 터
큰 뜻을 품으면 마침내 때를 만나리.
하늘이 허락하지 않는다면
책이나 지어 후세에 전하리.

―

世故屢多變, 惻惻傷我心. 朝畏豺虎關, 暮避荊棘林. 冉冉白日飛, 鼎鼎光陰老.

丈夫在世間, 胡不展懷抱, 人生如磨礪, 磨盡自有時. 直須愼行藏, 志大終有期. 天如使不鳴, 立言要後知.

뜻을 꺾지 않고 은인자중하다 보면 언젠가 포부를 펼 날이 있으리라는 기대를 담았다. 김시습이 세상에 대한 절망으로 그저 한평생 숨어 지내고자 했던 사람은 아니었다는 생각이 든다.

구름이 가건 오건

문득 갰다 비 오고 비 오다 도로 개고
하늘 이치도 이렇거늘 사람들 마음이랴!
나를 기리는 말이 헐뜯는 말 되고
명성 피하는 게 명성 구하는 일 되지.
꽃이 피건 지건 봄한테 무슨 상관인가?
구름이 가건 오건 산은 다투지 않네.
세상 사람들아, 내 말 기억하시게.
평생 기뻐할 일 어디에도 없다오.

―

乍晴還雨雨還晴, 天道猶然況世情! 譽我便是還毁我, 逃名却自爲求名. 花開花謝春何管, 雲去雲來山不爭. 寄語世人須記認, 取歡無處得平生.

염량세태(炎凉世態)를 비꼬았다. 예나 지금이나 세상의 환호는 금세 비난이 되고, 약빠른 사람들의 속셈은 알 길이 없다. 세상만사 쉽게 달아올랐다 쉽게 식어 버리며 엎치락뒤치락 종잡을 수 없으니, 언제나 평정한 마음을 유지할 밖에.

가진 자의 욕심은 하늘을 찌르고

어허 어허!
누굴 위해 눈물 흘리나?
인민들 괴로움 노래하며
아득한 하늘 바라보네.
아방궁(阿房宮) 구름다리 하늘에 비껴
서산의 나무 다 가렸네.
질탕한 즐거움 돌이키지 못하다
초나라 횃불에 불타고 말았지.[1]
수레바퀴 파묻힌 위에 봄풀이 돋아나고
비단 치장 뒤덮은 들판에 사슴이 뛰노네.
기둥 들보 아로새기며 사치 일삼는 동안
한 해 가도록 농가에는 거친 베옷 한 벌 없었지.
애석하다, 목석이야 본래 팔다리가 없다지만
슬프도다, 인민에겐 피와 살이 있음이여!
가죽 벗겨 피 빨고 뼈까지 도려내고도
가진 자의 욕심은 하늘을 찔러 그칠 줄을 모르누나.
앞에 가던 수레 엎어진 일 역사에 실렸건만

---

[1] 아방궁(阿房宮) 구름다리~불타고 말았지: 진시황(秦始皇)이 중국을 통일한 뒤 호화로운 아방궁을 짓고 향락을 일삼다가 얼마 못 가서 초(楚)나라 항우(項羽)의 군대에 멸망당하고 아방궁이 불태워진 일을 말한다.

어인 일로 어리석은 짓 멈추지 않나?
그대들은 보지 못하는가
집 하나 지으면 열 집이 이산함을
머리에 이고 등에 지고 울며 비틀비틀 쫓겨가는 저 모습을.

―

嗚呼復嗚呼, 爲誰長潸然. 再歌民亦勞, 悠悠望蒼天. 阿房複道橫, 兀盡西山木. 佚樂不旋踵, 楚炬燎奕赫. 靚輪蕪沒生春草, 結綺荒涼走麋鹿. 雕楹刻桷事奢麗, 卒歲田家無短褐. 可惜木石本無脛, 哀哉蒼生皮有血. 剝皮浚血旣割骨, 侈欲靡靡不知歇. 前車覆轍載靑史, 胡乃壅君猶未徹. 君不見一字成時十口連, 負戴踉蹡啼聒聒.

황폐한 인민의 삶에 대한 안타까움, 가진 자의 욕심에 대한 분노가 1980년대 이래의 노동시와 별반 다를 바 없다. 가진 자가 물러설 줄 알아야 평화가 온다는 만고불변의 진리가 오백 년 전의 이 시에서도 확인된다.

내가 생각하는 도는

그대여 보라, 청정한 도는
티끌에 물들지 않음을.
분노와 욕망 때문에
모든 실상이 가려지네.
옛날 성인(聖人)의 가르침이란
분노와 욕망을 막으라는 것.
이것이 깨달음의 지름길이니
군자는 홀로 있을 때 삼가는 법.
욕심이 한번 싹트면
내 몸 갇혀 꼼짝할 수 없지.
천축국 부처가
설산(雪山)에서 머리 깎으신 건
우리 중생이
이욕에 빠져 헤어나지 못해서네.
왕자의 화려한 옷 벗어 던지고
여섯 해 고요히 도 닦으셨네.
성색(聲色)의 즐거움 싫어하고

용과 이무기 있는 곳 좋아하셨네.
바라는 건 담박한 마음 보전하여
하루아침에 깨달음 얻는 것.
그때야 비로소 알게 되리, 사람 건네주는 배는
원래 조그만 거룻배임을.

―

君看淸淨道, 不爲塵所染. 只緣忿欲生, 竟爲諸相掩. 所以先聖戒, 懲忿又窒欲.
此是徑庭處, 君子須謹獨. 情欲一乍萌, 爲他所桎梏. 天竺古先生, 斷髮雪山嶺.
只爲諸衆生, 汨沒不自省. 卽脫九章衣, 勤修六載靜. 厭彼聲色娛, 愛此龍蟒境.
願保淡泊心, 期取一朝惺. 始知濟人船, 元來是舴艋.

김시습이 수락산에 머물던 1475년 무렵, 가르침을 받으러 온 운문사(雲門寺)의 젊은 승려 민(敏)과 그 동료들에게 지어 준 시이다. 부처가 되는 길은 거창한 수련에 있지 않고, 오직 욕망을 절제하며 담박한 마음을 지키는 데 있다는 가르침을 담았다.

딱따구리

딱따구리야, 딱따구리야
넌 뭐가 그리 궁해
내 뜰의 나무를 딱딱 쪼아 대니?
쪼는 것도 모자라 꺽꺽 울어 대곤
사람 피해 깊은 산으로 가네.
깊은 숲 고요한 산에선 쪼는 소리 더욱 울려
나뭇가지 속의 벌레들 얼마나 울러대는지.
좀벌레가 네 뱃속에 가득하니
큰 공을 세웠구나.
인민을 해치는 세상의 좀벌레들
수백 수천 널렸거늘 다스릴 자 없네.
네 부리로 나무의 재앙은 구했건만
인간 세상 좀벌레들은 어찌 쓸어 버릴지?

—

啄木啄木爾何窮, 啄我庭樹聲丁東. 啄之不足恰恰鳴, 畏人避向深林中. 林深山靜啄愈響, 憎幾槎牙枝上虫. 蠹多虫老飽汝腹, 爾於啄蠹多全功. 世上蠹物害民者, 千百其數無人攻. 縱汝利觜除木灾, 人間蠹穴詎能空.

오늘날 세상의 커다란 해충들을 시원히 쓸어 버릴 존재는 어디 있을까? 정의의 사도를 위한 상이 있다면 '딱따구리상'이라는 이름을 붙여도 좋겠다. 이 시는 민중의 처참한 현실을 생생하게 고발하며 위정자의 각성을 촉구한 정약용(丁若鏞)의 애민시(愛民詩)를 연상케 한다.

누에 치는 여인

지붕 끝 기운 해가 꽃가지 비추는데
빙글빙글 도는 물레 눈 같은 실을 뽑네.
어여쁜 여인 왜 고개 떨구나
실 뽑아 세금 바칠 일 근심해서지.

—

屋頭斜日映花枝, 戛戛繅車煮雪絲. 粧嫩低眉緣底事, 只愁分繭效功時.

수수하게 단장한 여인이 고개를 살짝 숙인 고운 모습으로 물레를 돌려 누에고치에서 눈처럼 하얀 실을 뽑는다. 아름다운 정경이지만 실은 관아에 바칠 세금 걱정에 가슴속이 새카맣다. 세상의 아름다운 풍경이 예사롭게 보이지 않는다.

죽은 이에게

동산에 화사한 복사꽃 오얏꽃
가을이면 졌다가 봄이면 피어나네.
어이하여 하루살이 같은 우리 삶은
한번 가면 다시 오지 못하는가?

—

灼灼園中桃與李, 遇秋閑落遇春開. 如何世上蜉蝣壽, 一到黃泉不復來.

죽음은 인간 존재 그 누구도 피할 수 없다. 우리는 모두 한번 가면 다시 올 수 없는, 유한한 존재이다.

가난의 노래

출세하고 못하고 마음에 두지 마라
순리를 따르면 만사가 조화롭다.
낮으면 골짜기를 이루고
높으면 산꼭대기 되는 게지.
부자라도 천 섬 곡식 마다 않고
가난해도 내 몸 하난 가져야지.
분수 넘어 가지면 시기 원망 모이나니
하늘과 적이 되어 서로 어긋나게 되네.

―

不須窮達介于懷, 萬事隨宜自偶諧. 卑者謂低成坎谷, 高而爲峻作巓崖. 富貴莫厭千鍾粟, 貧賤須持七尺骸. 幸得分外猜怨集, 與天爲敵轉相乖.

순리를 따르면 만사가 조화롭다지만, 하늘과 적이 되어 사는 사람이 오히려 득세하는 세상이다. 마음의 평화는 어디서 오는지?

『금오신화』를 짓고

작은 집에 자리 까니 따스한데
막 떠오른 달빛에 매화 그림자 창에 가득.
등불 켜고 긴 밤을 향 사르며 앉아
세상에 없던 새로운 책을 썼노라.

벼슬할 생각은 이미 접었고
깊은 밤 소나무 창 아래 단정히 앉았네.
향로에 향을 꽂고 깨끗한 책상에 앉아
풍류 넘치는 진기한 이야기 골똘히 찾았지.

―

矮屋靑氈暖有餘, 滿窓梅影月明初. 挑燈永夜焚香坐, 閑著人間不見書.
玉堂揮翰已無心, 端坐松窓夜正深. 香揷銅鈰烏几淨, 風流奇話細搜尋.

1465년 무렵 경주 금오산에 머물던 때에 『금오신화』(金鰲新話)를 짓고 나서 쓴 시이다. 달빛에 비친 매화 그림자에 휩싸여 한 줄기 향을 피워 두고 책상 앞에 단정히 앉아 슬프고도 아름다운 세계를 그려 내는 김시습의 모습이 떠오른다.

옛사람 글 읽을 적에는

옛사람의 글을 읽을 적에는
먼 옛날 일이라고 생각지 마라.
이치를 따지는 말 내 스승 삼고
세상 보는 법을 옳게 배울 일.
천 년이나 떨어져 있다 하지만
눈앞에 마주 앉아 얼굴 맞댄 듯.
캐묻고 따질 일 생각나거든
그때마다 문답 벌여 의심 풀게나.
한 구절 반 구절 기억한다면
있는 힘껏 실천하며 길 좇아야지.
꼼꼼한 공부가 가장 좋으니
밝은 길은 너를 속이지 않네.

―

誦讀古人書, 莫道世遠曠. 講言吾取師, 論世我取尙. 相去雖千載, 宛如對相狀. 凡有詰辨處, 卽是親酬唱. 雖記一半句, 力行且依樣. 精究爲可畏, 明道不汝迋.

―――

김시습이 고전을 읽는 방법이다. 고전과 나 사이에는 시공간의 장벽이 없다. 천 년 전의 지성과 홀로 마주할 수 있는 방법으로 독서 말고 무엇이 있겠는가.

하늘에 묻는다

"하늘은 어이하여
재앙과 복 공정하게 내리지 않소?"
옥황상제 대답하길, "나는 순리대로 하건만
네 말 참 무작스럽다.
운수가 막히면 간사한 무리 날뛰고
시절이 어긋나면 성현(聖賢)도 묻히는 법.
흥망성쇠 모두 운수 있는 건
겨울 있고 봄 있는 것과 마찬가지지."

"하늘은 어이하여
태평 시절 오래 못 가 쇠하게 하오?"
"이미 깨우쳐 주었건만
너는 교활하고도 어리석구나.
태평 시절에 늘상 난리에 대비하고
편안한 곳에서 위태로움을 걱정해야 하는 법.
이렇게 한 뒤에라야
흥성과 쇠망의 갈림길 알 수 있지."

"하늘은 어이하여
세상 만물 평등하게 하지 못하오?"
"평등하게 주었건만
너는 처음과 끝을 모르는구나.
만물에 똑같은 이치를 주고 참견하지 않았는데
눈앞의 차이에 저희끼리 미혹에 빠진 게지.
누구나 본성을 다한다면
저마다 마땅함 얻을 수 있네."

―

一問天何故, 殃祥或不均. 帝言予順理, 汝語太無倫. 運否姦邪縱, 時乖聖哲淪.
旺衰皆有數, 如歲有冬春.
再問天何故, 雍熙不久衰. 帝言疇已解, 汝黠更多癡. 處治常思亂, 居安必慮危.
但能如此守, 隆替作通岐.
三問天何故, 多般物不齊. 帝言均賦予, 汝不識端倪. 一理元無與, 千差反自迷.
故能俱遂性, 得角翼牙蹄.

―

굴원(屈原)이 지은 『초사』(楚辭) 중 「하늘에 묻는다」〔天問〕라는 시편(詩篇)을 본떠서 지은 작품이다. 시인은 묻는다. 하늘은 왜 선인에게 복을 내리고 악인에게 재앙을 내리지 않는지, 평화를 오래 주지 않는지, 세상 만물을 평등하게 하지 못하는지. 과연 시인의 의심이 풀렸을지, 하늘의 답은 간단하기만 하다.

산골 농부의 괴로움 1

해 지기 전 범 무서워 문 닫아걸고
해 뜰 녘에야 일어나 고사리 볶네.
깊은 산 외진 골에 괴로이 산대도
세금과 부역 안 바치고 살 길 있으랴.

―

哺時畏虎掩門扉, 至卯方吡煮蕨薇. 縱是深山更深處, 戶徭田賦可依違.

1465년 무렵 경주 금오산에 머물던 때 지은 시이다. 호랑이가 무서워 밤에 움직이지 못하는 심심산골의 농가에서도 세금 걱정은 피할 수 없다. 가혹한 정치가 호랑이보다 무섭다는 말이 떠오른다.

산골 농부의 괴로움 2

마른 땅에 싹 자라면 산돼지가 훔쳐 먹고
조라도 조금 나올라치면 들쥐가 훔쳐 먹네.
세금 겨우 바치고 나면 남은 곡식 하나 없건만
사채 빚 받겠다고 소마저 빼앗아 가네.

薄田苗長麋犯吃, 蕎粟登場鳥鼠偸. 官稅盡輸無剩費, 可堪私債奪耕牛.

빚더미에 앉은 농가의 참혹한 현실을 간결하게 보여 준다. 수백 년이 지난 오늘날의 농촌 현실이 여기서 얼마나 나아졌는지 생각해 보면 참담한 마음이 든다.

산골 농부의 괴로움 3

한집에 열 식구 함께 사는 듯 보여도
젊은 남자는 하루도 집에 없다네.
나라에서 벌인 공사 매일 불려 가
호미 들고 밭일하는 건 어린아이뿐.

―

一家十口似同廬, 丁壯終無一日居. 國役邑徭牽苦務, 弱男兒女把春鋤.

농사지어 내는 세금 외에 젊은 남자에게 부과되던 온갖 노력 봉사가 과중했음을 알려 준다. 빈곤의 악순환, 벗어날 길이 없다.

산골 농부의 괴로움 4

농사짓는 사내 땀 흘려 한 해 내내 일하고
양잠하는 여인 헝클어진 머리로 봄 내내 고생하네.
취한 사람, 배부른 사람, 잘 차려입은 사람
성안 가득 보이는 사람은 모두 편안하건만.

農夫揮汗勤終歲, 蠶婦蓬頭苦一春. 醉飽輕裘滿城市, 相逢盡是自安人.

산골에서 농사짓는 이들의 고단한 삶과 도시 사람들의 흥청망청한 삶을 대비한 시이다. 역시 오늘날 도시와 농촌의 불균형 문제, 우리 사회의 양극화 문제를 연상케 한다.

농부의 말

작년은 처음엔 가뭄이더니 나중엔 장마가 극심해
진흙이 강가를 덮더니 한 자나 쌓였소.
모래자갈이 밭을 메워 농사는 다 망가지고
풍성한 건 온통 잡초뿐.
굶다 못한 처자식 길가에서 울부짖으니
지나가던 사람들도 한숨 쉽디다.
사채 빚에 세금에 밤낮으로 시달리고
부역 벗어나긴 더욱 힘들다오.
내 한 몸에 부역이 삼실처럼 얽혀
이리 빼앗기고 저리 뜯겨 괴롭기 그지없소.
토란이며 밤이며 주워 봐야 살 수 없으니
봄이면 나물 뜯는 사람 밭두렁에 가득하오.
올해는 싹이 날 적부터
흙비 내리고 한 달이나 날 궂었소.
보리 이삭 싹이 나고 벼 뿌리 썩으니
천운(天運)이 험하여 사람살이 위태롭네.
팔월 늦벼 꽃이 한창 피었는데

동북풍 불더니 여물지 못해 쭉정이만 남았소.
도토리는 좀먹고 오이도 말라붙어
연이은 기근에 살 길이 없소.
내겐 기름진 땅 몇 마지기 있었건만
힘센 자가 작년에 강탈해 갔소.
튼튼한 머슴도 있어 밭 가는 일 돕더니
작년에 군역(軍役) 지러 떠나야 했소.
갓난애는 곁에서 울며 보채고
식구들 모두 나를 원망해도 못 들은 척할 뿐.
구중궁궐 깊고도 깊어
한번 하소연하려 해도 닿을 수 없소.
날개 달고 날아올라 옥황상제 부를까
근심 걱정 속이 끓어 심장이 탄다오.

―

去歲早旱晚霖劇, 泥沒江潞深一尺. 沙石塡塞卒汚菜, 豐者游龍與陵烏. 婦兒啼飢號路傍, 路傍觀者爲歎息. 私債官租日夜督, 況我難逃白丁役. 一身丁役亂於麻, 東侵西擾多煩酷. 歲收芋栗不足支, 春田朶芭盈阡陌. 今歲于耜苗始秀, 陰霾且噎經一月. 麥穗生蘖稻根腐, 天步艱難民脆脆. 八月晚秔花正繁, 東北風吹秕不實. 橡蠹菜蝗瓜蔓枯, 飢饉連年無可活. 我有腴田數十畝, 去年已爲豪强奪. 亦有壯雇服耕耘, 昔年作保充軍額. 赤子在左叫紛紛, 交徧謫我如不聞. 天門九重邃且深, 欲往愬之□□□. □□附翼叫帝闇, 瘋憂以痒心如焚.

(이하 缺落)

김시습 애민시(愛民詩)의 대표작 중 하나로, 한 농부가 비교적 넉넉한 생활을 누리다가 삽시간에 몰락하게 된 사정을 직접 토로하는 형식이다. 이야기가 도중에 끊긴 느낌인데, 작품의 끝 부분이 훼손되어 전하지 않기 때문이다.

어떻게 살까, 무엇을 할까

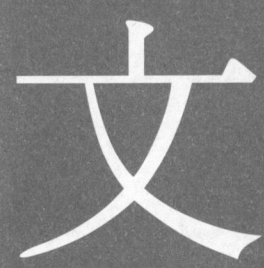

군자의 처신

군자(君子)의 처신은 참으로 어렵다. 이익을 보고 조급하게 나아가서도 안 되고, 위태로움을 알고 물러나서도 안 된다. "쌀을 씻다가 건져서 급히 간다"[1]라는 것은 억지로 빨리 하는 것이 아니요, "천천히 내 길을 가련다"[2]라는 것은 억지로 느리게 하는 것이 아니다.

성현의 진퇴(進退)는 오직 자신의 행동이 의리에 합당한지, 시기에 알맞은지에 따라 결정될 뿐이다.

이윤(伊尹)은 신(莘)나라 들판에 사는 일개 농사꾼에 불과했다. 그는 밭에 있으면서 요순(堯舜)의 도를 즐거워하며 만족하고 지냈지만, 은(殷)나라의 탕왕(湯王)이 세 번이나 초빙하자 할 만하다 여기고 벼슬에 나가 재상이 되었다.

부열(傅說)은 부암(傅巖) 들판에 사는 일개 인부에 불과했다. 그는 담 쌓는 일에 즐거움을 느끼며 평생을 그렇게 살고자 했지만, 은나라 임금 무정(武丁)이 꿈에 현명한 인재를 보고는 그를 얻기 위해 백방으로 구하자 좋은 시기라 여기고 벼슬에 나가 재상이 되었다.

강태공(姜太公)은 위수(渭水)에서 소일하던 일개 낚시꾼에

1_ 쌀을 씻다가~급히 간다: 공자(孔子)가 밥을 짓기 위해 쌀을 씻다가 제(齊)나라의 초빙을 받자 이에 응하기 위해 서둘러 길을 떠났던 일을 이른 말이다.
2_ 천천히 내 길을 가련다: 공자가 노(魯)나라의 정치가 어지러운 데 절망하여 결국 노나라를 떠나면서도 고국에 대해 연연하는 마음 때문에 속히 떠나지 못하며 했던 말이다.

불과했다. 그는 맑은 강물에 낚싯대를 던지고 풀숲에 앉아 고기를 낚으며 일생을 보내려 했지만, 주(周)나라 문왕(文王)을 만나 서로의 뜻이 같다는 것을 확인하고는 임금의 스승이 되기에 이르렀다.

이 세 사람이 은거한 것은 제 몸 하나만 깨끗이 하면서 세상사에 관여하지 않으려 해서가 아니었다. 세 사람이 벼슬길에 나간 것은 명성과 이익을 얻기 위해서가 아니었다. 다만 자신이 일할 수 있는 시기를 기다리고 있다가 모든 것이 물 흐르듯 잘 맞아떨어졌던 것이다.

『주역』(周易)에 이런 말이 있다.

"나타난 용이 밭에 있다."3_

이 말은 무슨 뜻인가?

공자(孔子)는 이 구절을 다음과 같이 풀이했다.

"물은 습한 곳으로 흐르고, 불은 마른 곳으로 나간다. 구름은 용을 따르고, 바람은 호랑이를 따른다. 성인(聖人)이 일어나면 세상 만물이 모두 그를 우러른다."

이 말은 뜻을 펼치기에 알맞은 시기를 만났음을 의미한다.

사호(四皓)4_가 진(秦)나라를 피해 숨고, 도연명(陶淵明)5_이 송(宋)나라에 신하 노릇 하지 않은 것은 모두 그들 자신과 세상이 맞지 않아서였다.

3_ 나타난 용이 밭에 있다: 『주역』「건괘」(乾卦)에 나오는 말이다. 본래는 "나타난 용이 밭에 있으니, 대인(大人)을 만남이 이롭다"라고 되어 있는데, 성인(聖人)이 군주가 되었으니 군주 앞에 나아가 도를 이루는 것이 좋다는 뜻이다.

4_ 사호(四皓): 진시황이 중국을 통일한 뒤 그의 포악한 정치를 혐오하여 은거했던 현인(賢人) 네 사람을 말한다.

5_ 도연명(陶淵明): 육조 시대(六朝時代)의 시인. 송나라의 현령(縣令) 벼슬을 지내던 중 지방을 순시하는 관리를 영접하라는 지시를 못마땅하게 여겨 "봉급을 받기 위해 소인배에게 허리를 굽힐 수 없다"라고 말한 뒤 벼슬을 버리고 귀향했다.

백이(伯夷)6_가 주나라를 떠난 일을 두고 사람들은 성인 중에서도 맑은 분이라 했다. 유하혜(柳下惠)7_가 노(魯)나라에 벼슬한 일을 두고 사람들은 성인 중에서도 모나지 않은 분이라 했다. 이윤(伊尹)이 은나라로 간 일을 두고 사람들은 성인 중에서도 천하의 일을 모두 자신의 책임으로 여긴 분이라 했다. 이 세 사람을 성인으로 받드는 이유는 모두 같다.

　　반면에, 진(秦)나라에 벼슬한 이사(李斯: 진시황 때의 승상)와 신(新)나라에 벼슬한 양웅(揚雄)8_은 진퇴의 모양이 비록 다른 것 같지만, 이익을 얻고자 의리를 저버린 점에서는 매한가지이다.

　　이 때문에 선비는 진퇴를 결정하기에 앞서 반드시 나의 진퇴가 의리에 부합하는지, 나의 진퇴로 말미암아 도를 실현하는 것이 가능한지를 헤아려 보아야 한다. 벼슬에서 물러났다 해서 현명한 것도, 벼슬에 나갔다 해서 의심스러운 것도 아니요, 은거한다 해서 고상한 것도, 세상에 나와 이름을 떨쳤다고 해서 구차해지는 것도 아니다.

　　그러므로 벼슬에서 마땅히 물러나야 할 때 물러났기에 미자(微子)9_가 은나라 주왕(紂王)을 떠난 것을 두고 은나라를 배신했다고 말할 수 없다.

　　마땅히 벼슬에 나가야 할 때 나갔기에 이윤과 부열이 은나

6_ 백이(伯夷): 은나라 고죽국(孤竹國)의 왕자로, 주나라 무왕(武王)이 은나라를 멸하고 주나라를 세우자 이를 비난하여 아우인 숙제(叔齊)와 함께 주나라의 곡식 먹기를 거부하고 수양산(首陽山)에 숨어 고사리를 캐 먹으며 지내다 굶어 죽었다.
7_ 유하혜(柳下惠): 노(魯)나라의 대부(大夫)로, 자신의 고결함이 타인에 의해 더럽혀지지 않는다고 자신하여 더러운 군주 섬김을 부끄러워하지 않았다.
8_ 양웅(揚雄): 한나라 때의 학자이자 문인으로, 전한(前漢) 평제(平帝) 때 재상을 지내던 왕망(王莽)이 제위를 찬탈하고 세운 신(新)나라에 벼슬했다.
9_ 미자(微子): 은나라 주왕(紂王)의 이복형으로, 주왕에게 폭정을 멈추라고 거듭 간언했으

라에서 벼슬한 것을 두고 그들 자신의 뜻을 꺾었다고 말할 수 없다.

마땅히 은거해야 할 때 은거했으므로 백이(伯夷)와 숙제(叔齊)가 수양산(首陽山)에 은거한 것을 두고 고상하다고 말할 수는 없다.

마땅히 세상에 나와야 할 때 나왔으므로 강태공이 세상에 나와 이름을 떨친 것을 두고 구차하다고 말할 수 없다.

『주역』「고괘」(蠱卦)의 '상구'(上九)에 "왕후(王侯)를 섬기지 않는다"[10]라는 말이 있다. 「건괘」(乾卦)의 '구이'(九二)에는 "대인(大人)을 만나는 것이 이롭다"〔利見大人〕[11]라는 말이 있다. 이 말은 모두 시기에 알맞게 진퇴를 결정해야 한다는 뜻이다.

간교한 신하가 보다 큰 이익을 탐하여 벼슬을 사양하는 체하며 임금의 마음을 얻는 일도 있고, 가짜 선비가 명성을 얻고자 은거하는 체하며 궁벽한 곳으로 몸을 숨기는 일도 있다.

이보다 더욱 심한 자는 재주도 없고 덕도 없기에 세상에서 버림받은 처지이면서 스스로 궁벽한 곳에 은거한다 하고, 스스로 뭔가를 이룰 만한 능력은 조금도 없으면서 남이 이룬 일에 대해서는 미주알고주알 흠을 잡으며, 주위 사람들에게는 오만한 태도로 이렇게 말한다.

"나 역시 세상을 버리고 은거하는 사람이다!"

나 주왕이 자신의 말을 받아들이지 않자 은나라를 떠났다.
10_ 왕후(王侯)를 섬기지 않는다: 「고괘」 '상구'에는 본래 "왕후를 섬기지 않고 자신의 일을 고상히 한다"라고 되어 있다. 좋은 세상을 만나지 못하면 자신의 뜻과 절개를 고결하게 지키며 산다는 뜻이다.
11_ 대인(大人)을 만나는 것이 이롭다: 앞의 주 3 참조.

이는 천하의 추녀가 서시(西施: 춘추 시대의 절세미인)의 매혹적인 미소를 흉내 내는 격이다. 이런 자들이야 더 말해 무엇 하겠는가.

세상에 대한 김시습의 분노와 냉소가 잘 느껴지는 글이다. 이익과 명성을 얻고자 가식적이고 이중적인 행태를 보이는 이들에 대한 비판은 오늘날에도 많은 부분 유효할 듯하다. 이 글은 훗날 벼슬길에 나설 생각을 잠시 품었던 김시습을 이해하는 데에도 약간의 단서를 제공한다.

군자와 소인

군자의 도는 자신의 몸에 뿌리를 두어 서민(庶民)에게서 효과를 드러낸다. 군자의 도는 옛날의 성인 군주들에 비추어 어긋남이 없고, 하늘과 땅에 세워 어그러짐이 없으며, 귀신에게 물어도 의혹될 것이 없고, 먼 훗날 성인이 나타난다 해도 흔들릴 것이 없다.

군자가 병으로 여기는 것은 자신이 무능하지 않을까 하는 점이다. 군자는 남이 자신을 알아주지 못할까 하는 점을 병으로 여기지 않는다. 군자가 근심하는 것은 자신이 남을 알아주지 못할까 하는 점이다. 남이 자신을 알아주지 못할까 근심하지 않는다.

군자의 공부는 덕성을 기르며 인의(仁義)를 추구하는 것이다. 군자의 실천은 언제나 스스로를 돌아보는 데서 출발한다.

군자는 천명(天命)을 두려워하고, 최고의 덕행을 지닌 사람을 두려워하며, 성인의 말씀을 두려워한다.

군자는 의로운 일을 하는 데 조금도 지체함이 없기 때문에 곤궁한 상태를 편안히 여길 수 있다.

군자는 늘 마음이 넓고 편안하므로, 오연(傲然)하되 남과 다투지 않고, 조화롭게 더불어 살아가되 당파(黨派)를 이루지 않는다.

군자는 공명정대한 마음으로 사람을 사랑하지 사사로이 편애하지 않는다. 남들의 마음을 거스르지 않고 조화를 이루되 아첨하며 똑같아지지는 않는다. 위엄 있는 모습이되 교만하지도 않다.

군자의 도는 처음에는 쉽사리 보이지 않지만 날이 갈수록 빛이 난다. 군자의 재주는 자잘한 일을 살피는 데는 걸맞지 않지만 큰 임무를 맡기에는 충분하다.

군자로서 어질지 못한 사람도 있다. 현인(賢人)에게 완전무결한 덕을 갖춘 사람이 되라고 요구하는 이들이 바로 그런 경우이다.

소인(小人)은 홀로 있을 때에는 악행을 일삼아 하지 못하는 짓이 없다가도, 군자를 본 뒤에는 온화한 표정을 지으며 자신의 악한 마음을 감추고 선한 마음을 내보인다. 이게 바로 소인의 습속이므로, 소인의 허물은 반드시 드러나게 되어 있는 법이다.

소인이 병으로 여기는 것은 남의 것을 모두 빼앗기 전에는 만족을 모른다는 점이다. 소인이 근심하는 것은 오로지 이해득실에 관한 것뿐이다.

소인의 공부는 재산상의 이득을 추구하는 것이다. 소인의 실천은 스스로의 행실을 돌아보는 데서 출발하지 않는다.

소인은 천명(天命)을 알지 못하므로 두려워할 줄 모르고, 덕행을 지닌 사람을 가벼이 보며, 성인의 말씀을 업신여긴다.

소인은 이익에 밝으므로 궁한 처지에 빠지면 못할 짓이 없게 된다.

소인은 늘 근심에 싸여 있으므로, 곤궁한 처지를 오래 견딜 수 없고, 방탕함에 이르지 않는 진정한 즐거움을 오래도록 누릴 수 없다.

소인은 사람을 사사로이 편애하지 공명정대한 마음으로 사랑하지 못한다. 남에게 아첨하며 그와 똑같아질 수는 있지만, 남들의 마음을 거스르지 않으며 조화를 이루지는 못한다. 교만하지만 위엄이 있지는 않다.

소인의 도는 처음에는 뚜렷이 보이지만 날이 갈수록 죽어 간다. 소인의 재주는 큰 임무를 맡기에는 적합하지 않지만 자잘한 일을 살피는 데는 알맞다.

소인으로서 어진 사람은 존재한 적이 없다. 자포자기하여 아무런 노력도 하지 않으려는 사람을 좋은 방향으로 이끌 도리는 없다.

이상 공자(孔子)의 말씀을 대략 옮겨 보았는데, 그 내용은 의로움과 이로움, 공명정대함과 사사로움의 차이를 말한 것일 따름이다.

이로써 볼 때 임금이 신하를 등용하면서 그 사람됨을 자세히 살피지 않으면, 작게는 임금 자신의 몸이 위태롭고 크게는 나라가 멸망하게 된다. 평범한 사람이 친구를 사귈 때에도 사람을 잘 가리지 못하면, 작게는 자신이 다치고 크게는 부모를 욕되게 한다. 그러므로 사람과의 만남은 반드시 신중해야 하고, 사람을 대할 때에는 반드시 진심을 다해야 한다.

한 사람의 군자를 얻으면 선한 사람이 연이어 세상에 존재를 드러낸다. 한 사람의 소인을 가까이하면 악한 이들이 저희끼리 무리를 지어 당파를 이룬다.

악의 기운이 스며들고 녹아들어 서로 융합된 뒤 미움이 심해지면 난리가 일어난다. 사태가 이 지경에 이르고 보면 단기간에 악의 근원을 제거할 방법이 없다.

그런데 이처럼 악한 자들은 처음에는 충성스러운 듯 보이지만 끝에 가서는 아첨하고, 겉으로는 올곧은 듯 보이지만 속으로는 사악하다. 공손홍(公孫弘)[1]이 승상이 된 뒤에도 베옷을 입고 지냈다거나, 왕망(王莽)[2]이 늘 자신을 낮추고 겸손하게 행동했다던 데서도 잘 알 수 있다.

따라서 임금의 자리를 찬탈하고 임금을 시해하는 재앙은 소리 높여 직언을 하는 신하의 입에 있는 것이 아니라, 임금의 가려운 곳을 긁어 주고 아픈 곳을 보듬는 간신의 헌신적인 태도에 있다. 임금이 미혹에 빠지는 조짐은 잘못을 지적해서 바로잡을

1_ 공손홍(公孫弘): 한나라 무제(武帝) 때 승상을 지낸 인물로, 검소한 생활로 이름이 높았지만 은밀히 책략을 부려 조정의 충신들을 제거하거나 좌천시킨 바 있다.
2_ 왕망(王莽): 전한(前漢) 평제(平帝) 때 재상을 지냈던 인물로, 훗날 평제를 시해한 뒤 그 아들을 황제로 세우고 섭정(攝政)하다가 결국 제위를 찬탈하여 국호를 '신'(新)으로 바꾸었다. 재상을 지내던 시절에 늘 겸손하여 명망이 높았다.

때 드러나는 것이 아니라, 아첨하며 받들어 모시는 때에 드러난다. 신하에게 직언을 듣고 잘못을 지적당하는 일은 쓴 것 같지만 결국은 달다. 가려운 곳을 긁어 주고 아픈 곳을 보듬어 주니 편안한 것 같지만 끝내는 위태롭기 그지없다. 군자를 가까이하는 것은 사탕수수를 먹는 것과 같아서 갈수록 즐거움이 있고, 소인을 마주하는 것은 단맛만을 느끼는 생쥐가 닥치는 대로 먹이를 먹다가 죽는 것과 같아서 갈수록 나락으로 떨어지게 될 따름이다.

그러므로 사람을 잘 알아보는 사람은 그 시초를 보고, 사람됨을 잘 살피는 사람은 그 사람의 평소 모습을 살핀다. 마음을 진실하게 가진 이가 최상의 경지요, 몸가짐을 올바르게 지키는 이가 그 다음 경지요, 경험에 비추어 반성하고 교훈을 얻는 이가 또 그 다음 경지이다. 어떤 일을 겪든 반성하거나 교훈으로 삼을 줄 모르는 자라면 결국 악으로 귀결될 뿐이다.

따라서 정치를 잘하는 임금과 큰일을 감당할 만한 선비는 군자를 대우하기를 난초 사랑하듯이 하고, 소인을 피하기를 뱀을 피하듯이 한다. 임무에 알맞은 사람을 선택하는 데 신중을 기하고 사람 사귀기를 삼가 조심한 뒤에야 나라를 보전하고 자기 몸을 지킬 수 있는 것이다. 그러나 학문을 좋아하지 않고 뜻이 돈독하지도 않으며 힘써 실행하지도 않는 자들에 대해서야 여기서 언급할 필요도 없다.

『논어』(論語)를 중심으로 유가(儒家)의 경전에서 군자와 소인을 대비하여 논한 구절을 모은 뒤 자신의 견해를 덧붙인 글이다. 이 글에 나타난 군자의 덕목은 도달하기에 너무 멀어 공허해 보이기까지 할 수도 있겠지만, "궁한 처지에 빠지면 못 할 짓이 없게 된다"는 등 소인의 특징으로 거론된 항목들은 한 번쯤 되새겨봄 직하다. 언뜻 "사람은 못 되어도 괴물은 되지 말자"라던 영화 속 대사가 떠오른다.

인재가 없다는 걱정에 대하여

인재(人才)라는 것은 국가의 기둥이며 주춧돌이다. 그러므로 나라를 다스리는 데는 인재 얻는 일을 근본으로 삼고, 세상을 교화(教化)하는 데는 인재 기르는 일을 급선무로 삼는다.

훌륭한 선비 많기도 많구나
덕분에 문왕(文王)께서 편안하셨네.[1]

위의 노래는 주(周)나라 문왕이 인재를 얻은 일을 찬미한 것이다.

용맹한 전사들이여
제후(諸侯)의 방패요 성(城)이로다.[2]

위의 노래는 문왕의 교화를 찬미한 것이다.

솔개는 하늘에 날고
물고기는 연못에 뛰노네.

---

[1] 훌륭한~편안하셨네: 『시경』(詩經) 대아(大雅) 「문왕」(文王)의 한 구절.
[2] 용맹한~성(城)이로다: 『시경』 국풍 주남(周南) 「토저」(兔罝)의 한 구절.

훌륭한 군자여

어찌 사람을 북돋지 않으리.3_

위의 노래는 문왕이 사람들을 북돋운 일을 찬미한 것이다.

지금은 문왕의 시대로부터 이미 2천여 년이나 떨어져 있지만, 당시의 시를 읊조리며 그 시절의 세상을 상상하노라면 주나라 때의 성대한 풍속과 수많은 인재들이 눈앞에 보이는 듯하다. 참으로 아름답지 않은가!

아아! 임금이 인재를 얻는 일도 참으로 어려운 일이지만, 인재가 좋은 세상을 만나는 일도 쉽지는 않다.

천 길 하늘 위를 나는 봉황은 키 작은 가시나무에 깃들여 살지 않고, 헤아릴 수 없이 깊은 연못에 사는 용은 야트막한 웅덩이에 노닐지 않는다. 키 작은 가시나무에 깃들여 산다면 매미나 뱁새가 주변을 오르락내리락하며 비웃을 것이요, 야트막한 웅덩이에 노닌다면 거머리나 지렁이가 주변을 맴돌며 업신여길 것이기 때문이다. 그러므로 반드시 봉황은 적석산(積石山: 중국 서쪽 변경에 있는 산)에 쌓인 비취옥 위로 드높이 날고, 용은 용문(龍門: 산서성 지역의 황하 상류)의 격랑 속에서 유유히 헤엄친 뒤에야 정신이 상쾌해지면서 자신의 상서로움을 드러내며, 그제야 보는 이들 모두 신기하고 경사스럽게 여기게 된다.

3_ 솔개는~않으리: 『시경』 대아 「한록」(旱麓)의 한 구절.

인재도 역시 그러하다. 잘 다스려지는 세상에 태어나 임금과 신하가 서로 존경과 겸양의 예를 다하는 조정에 선 다음에야 자신의 경륜을 다 펼쳐 보이나니, 사람들은 뛰어난 선비라 여길 것이요 인재는 본래의 품은 뜻을 모두 펼 수 있을 것이다. 혹 그렇지 않으면 이러지도 저러지도 못한 채 주저하며 곤란한 지경에 빠져 있다가 물고기가 비늘을 움츠리고 새가 날개를 늘어뜨리듯이 의기소침할 터이니, 필시 중상모략하고 간교한 꾀를 부리는 자들의 비방을 입게 될 것이다.

또한 하늘이 세상에 인재를 내는 데 인색한 것도 아니요, 세상에 인재가 없는 것도 아니지만, 좋은 때를 만나지 못하면 세상에 나아갈 수 없으며, 비록 때를 만난다 하더라도 자신을 드러내기란 어려운 일이다. 이 때문에 꿈을 꾸지 않았다면 은나라 고종(高宗)은 부열(傅說)을 재상으로 얻을 수 없었을 것이고, 위수(渭水)에서 사냥하지 않았다면 문왕(文王)은 강태공을 스승으로 모실 수 없었을 것이다.4_ 구름은 반드시 용을 따르고 바람은 반드시 호랑이를 따르니, 서로 비슷한 것끼리 따르는 법이다.

『주역』의 "나타난 용이 밭에 있다"〔見龍在田〕라는 구절과 "나는 용이 하늘에 있다"〔飛龍在天〕라는 구절에 대하여 이르기를, "대인을 봄이 이롭다"〔利見大人〕라고 하였으니,5_ 벼슬에 나아갈 수 있고 세상에 나가도 좋은 때를 만나고자 함이다. 때를

4_ 꿈을 꾸지~없었을 것이다: 「군자의 처신」 참조.
5_ 『주역』의 "나타난~이롭다"라고 하였으니: 「군자의 처신」의 주 3 참조.

만나지 못한다면 성현(聖賢)도 좋을 수 없거늘, 하물며 그 나머지 사람들이야 말할 것도 없지 않은가!

역사를 보면 역력히 알 수 있다. 주(周)나라가 쇠퇴하자 공자(孔子)와 맹자(孟子)는 성현이었거늘 분주히 사방을 떠돌아다녔으나 추방당하기도 하고 죽을 위험에 놓이기도 하는 등 가는 곳마다 받아들여지지 못한 채 끝내 길에서 늙었다. 전한(前漢)의 동중서(董仲舒: 한나라 무제武帝 때의 학자)는 대의(大義)를 가졌으나 그 뜻을 펼 수 없었고, 가의(賈誼: 한나라 문제文帝 때의 학자)는 새로운 제도를 만들어 나라를 바로 세우고자 하였으나 결국 한직(閒職)으로 쫓겨나고 말았다. 후한(後漢)의 어진 선비들은 모두 당고(黨錮)의 화[6]를 당했고, 동진(東晉)의 고명한 선비들은 다투어 노장(老莊)의 사상에 빠져 들었다. 당(唐)나라의 한유(韓愈)는 자신을 맹자에 비견하였으나 결국 남쪽 변방 땅으로 귀양 가는 신세가 되었다.[7] 송(宋)나라의 군자들은 성현의 심학(心學)을 체득하여 끊어진 도통(道統)을 이었지만 도를 실행할 수 없었을 뿐만 아니라, '사이비 학문'이라고 지탄받는가 하면 사악한 무리로 배척당하기도 하였다.[8] 이들은 비난받고 배척당하기만 한 것이 아니라 심지어 비석에 새겨 조롱받는 놀림감이 되기까지 하였다.[9] 이러한 일들은 모두 인재가 때를 만나기 어려운 것이지 세상에 인재가 드물게 나오는 것이 아님을 말해

6_ 당고(黨錮)의 화: 후한 말에 권력을 장악하고 있던 환관(宦官) 일파가 자신들에게 저항한 문신 관료들을 탄압하여 그들의 벼슬과 모든 지위를 영구히 박탈했던 사건을 말한다. 1백여 명이 사형당하고, 수백 명이 귀족의 신분을 박탈당했다.

7_ 당(唐)나라 한유(韓愈)는~신세가 되었다: 한유가 당나라 헌종(憲宗)에게 부처의 사리를 궁중으로 들여온 일이 잘못임을 간언하다가 조주(潮州)로 쫓겨났던 일을 말한다.

8_ 송(宋)나라의 군자들은~배척당하기도 하였다: 주희(朱熹) 만년에 성리학(性理學)이 당대의 권신들에게 '위학'(僞學: 가짜 학문)으로 지목되어 배척받았던 일을 말한다.

9_ 비석에 새겨~되기까지 하였다: 송나라 신종(神宗) 때 사마광(司馬光)을 중심으로 한 구

준다.

아아! 나무의 단점을 버리고 장점을 살릴 줄 아는 목수라면 큰 나무는 대들보와 기둥으로 쓸 것이요, 작은 나무는 문지도리며 문설주며 작은 기둥으로 쓸 것이요, 자그마한 나뭇가지 하나, 널빤지 한 쪽이라도 쓸 만한 것은 모두 좋은 재목이 된다.

약재로 마땅치 않은 것은 놓아두고 마땅한 것을 가려 쓸 줄 아는 의사라면 약재를 정련하여 단약(丹藥)과 환약(丸藥)을 만들고, 배합하여 탕약(湯藥)과 가루약을 만들며, 적전(赤箭)과 청지(靑芝)10_처럼 귀한 재료든 쇠오줌이며 말똥이며 이끼 껍질처럼 흔한 재료든, 효력이 있는 것은 모두 좋은 약재로 쓴다.

한 나라의 임금 된 자가 좋은 정치를 하고자 하여 사람들의 재능과 알맞은 직책을 안다면 높은 재능을 가진 사람은 장군과 재상이 되고 그보다 낮은 재능을 가진 사람은 일반 관원이 될 것이다. 또한 농사짓는 사람, 그릇 만드는 사람, 물고기 잡는 사람, 토끼 잡는 사람, 소 먹이는 사람, 도살하는 사람, 백정까지도 모두 훌륭한 선비가 될 터이니, 어찌하여 지금 시대에 인재가 없다는 걱정을 하는가!

그렇지 않다면 비록 현인군자(賢人君子)라 하더라도 낮은 벼슬에 있거나 오활한 관리로 있으면서 분발하지 못하고 말 것이니, 피리 불고 춤추며 제 벼슬을 민망히 여기고 창을 휘두르며

법당(舊法黨: 보수파)과 왕안석(王安石)을 중심으로 한 신법당(新法黨: 혁신파)이 대립한 이래 두 당파가 부침을 거듭하던 중에 휘종(徽宗) 때 신법당의 채경(蔡京)이 집권한 뒤 구법당 인사들의 명단을 비석에 새겨 도성에 세우고 명단에 오른 이들의 자제를 도성 밖으로 추방하는 한편 이들의 학술을 금지한 일을 가리킨다. 주희의 스승 격인 이른바 '도학자'들은 대개 구법당에 속해 있었다.

10_ 적전(赤箭)과 청지(靑芝): 약초 이름. '적전'은 두통이나 경풍(驚風: 경기)을 치료하는 약재로 쓴다. '청지'는 버섯의 한 종류로, 태산(泰山)에서 나는 귀한 약재이다.

높은 벼슬아치의 심부름이나 하는 제 신세를 한탄할 것이다. 이러한 처지라면 어찌 조정에 올라서서 바람과 구름을 불러일으키며 평소에 품었던 재주와 기운을 떨쳐 보일 길이 있겠는가!

요즘은 옛날과 달리 인재가 없다는 불만에 대하여, 어느 시절에나 인재는 있는 법이며 그 인재들을 발탁하여 적재적소에 기용하는 일이 오히려 긴요한 문제임을 밝힌 글이다.

나라 살림을 넉넉하게 하는 법

세상에는 예나 지금이나 해서는 안 될 일을 억지로 하는 경우가 있다. 한때의 사사로운 이익 때문이다. 그러나 이런 일은 결국 실패하기 쉽다.

세상에는 또 할 만한 일을 자연스럽게 이루는 경우가 있다. 영원불멸의 공명정대한 의리를 담고 있기 때문이다. 이런 일을 이루어 내지 못했다면 그것은 사사로운 욕심이 끼어들었기 때문이다. 그러나 이런 일을 성취하기란 쉽다.

실패하기 쉬운 일을 실패에서 벗어나게 하기는 어렵고, 성취하기 쉬운 일을 어그러뜨리기도 어렵다. 실패하기 쉬운 일은 처음에는 마음이 유쾌할지 몰라도 나중에는 필시 바라던 결과에 이르지 못한다. 성공하기 쉬운 일은 처음에는 사정에 어두워 어려움을 겪을지라도 나중에는 반드시 애초의 뜻과 일치하는 결과를 얻는다. 왜 그럴까?

억지로 인민에게 거두어 얻은 재산은 남의 것을 빼앗아 끌어모은 것이다. 그러므로 사람들의 원한을 살 것이요, 결국 실패를 모면하기 어렵다. 반면에, 어진 정치를 펴서 만든 재산은 내 마음을 넓혀 그 속을 가득 채운 것이다. 그러므로 은혜가 널리 퍼져 그 성취를 어그러뜨리기 어렵다.

성패의 뿌리는 의리와 이익, 공명정대함과 사사로움의 사이에서 싹트며, 선악의 기미와 그것이 발현하는 실마리는 머리카락만큼 지극히 작은 차이에서 출발한다. 마음가짐에서 생긴 약간의 차이가 천 리만큼 어긋나게 되니 삼가지 않을 수 있겠는가! 삼가는 요체는 내 마음을 미루어 인민을 살피는 데 있을 따름이다.

어떤 사람인들 재산을 늘리고 싶지 않겠는가? 그렇다면 자신의 마음으로 미루어 짐작하여 인민의 마음 또한 그러하리라 여기고 행동할 일이다. 그렇게 하면 인민 또한 자신의 마음으로 미루어 짐작하여 윗사람을 받들 것이다.

어떤 사람인들 이익을 구하고 싶지 않겠는가? 그렇다면 자신의 마음으로 미루어 짐작하여 인민의 마음 또한 그러하리라 여기고 행동할 일이다. 그렇게 하면 인민 또한 자신의 마음으로 미루어 짐작하여 윗사람을 이롭게 할 것이다.

내가 덕으로 대하면 상대는 정성으로 대할 것이요, 내가 가혹하게 대하면 상대는 원망으로 대할 것이다. 덕을 정성으로 갚고 가혹함을 원망으로 갚는 것은 당연한 이치이니, 조금도 속임이 있을 수 없다. 임금이 진실로 이러한 이치를 살필 수 있다면 나라 살림을 다스리는 법은 이미 갖추어진 것이다.

더 자세히 따져 보자. 『대학』(大學)에 이런 구절이 있다.

"나라 살림을 다스리는 데 중요한 방법이 있다. 생산하는 이가 많고 소비하는 이가 적으며, 생산하기를 빨리 하고 소비하기를 천천히 한다면 살림이 항상 넉넉할 것이다."

이 네 가지 일의 요체는 오직 하나이니, 그것은 '인'(仁)에 다름 아니다.

'인'으로 아랫사람을 어루만지면 인민은 절로 편안하여 저마다 자기 생업에 힘쓰게 된다. 그렇게 되면 자연 놀고먹는 자는 줄어들고, 생산하는 자는 늘어난다.

'인'으로 아랫사람을 부리면 신하들은 절로 있는 힘을 다할 것이요, 간사하고 거짓된 자들은 부끄러워하며 물러나게 될 터이다. 그렇게 되면 남의 자리를 차고앉아 봉급이나 축내는 자가 줄어들고, 소비하는 자가 적어진다.

'인'으로 인민을 다스리면 쓸데없는 공사를 일으키지 않아 인민의 노동력을 번거로이 동원하는 일이 없을 것이다. 그렇게 되면 인민들은 농사짓는 시기를 놓치지 않아 생산하기를 빨리 할 수 있게 된다.

'인'으로 물(物)을 보면 돈이며 곡식이며 온갖 물품에 대하여 그것들을 만들어 낸 공력(功力)을 헤아려 수입에 맞추어 지출을 할 것이므로, 소비하기를 천천히 할 수 있다.

하늘과 땅이 만들어 낸 온갖 물건은 저마다 정해진 한도가 있는바, 헛되이 써서는 안 될 일이다. 만일 아껴 쓰지 않는다면, 새를 잡겠다고 온 숲에 불을 지르고 물고기를 잡겠다고 연못의 물을 모두 없애는 일이나 매한가지로, 앉은 채 곤궁하고 고달프게 되며 살림이 바닥나고 말 것이다. 하물며 공연히 인민을 수고롭게 하고 재산에 손해를 입히면서 무익한 일을 벌이는 것이야 말해 무엇 하겠는가!

임금이 인(仁)으로 나라 살림을 늘리고 의(義)로 소비를 절약할 수 있다면, 인민의 저축이 곧 나의 저축이요, 나의 창고가 곧 인민의 창고가 될 것이다. 그렇게 한다면 윗사람과 아랫사람이 서로의 자산이 되고, 뿌리와 가지가 서로 의지가 되어 쌀뒤주가 빌 걱정이 없고, 서로 원망할 일이 없게 될 것이다. 그리하여 이른바 '먹고 먹어도 곡식이 창고에 쌓여 썩어 문드러진다'라는 말처럼 나라의 살림이 넉넉해질 것이다.

상홍양(桑弘羊)[1]과 유안(劉晏)[2]과 왕안석(王安石)[3]은 나라 살림을 늘리고자 돈을 거두고 판매 사업을 벌였다. 그러나 그들은 인민과 이익을 다투다가 결국 인민의 것을 모두 빼앗기 전에는 만족하지 못하는 폐단을 일으키기에 이르렀다. 그들이 인민의 원망을 사 인민의 원수가 된 일은 이루 다 말할 수 없다. 이런 일은 실패하기 쉽고 모면하기 어려운 재앙의 예이다. 남의 윗

1_ 상홍양(桑弘羊): 한나라 무제(武帝)가 소금과 철(鐵)을 국가의 전매품으로 지정하는 등 새로운 재정 정책을 펼 때 재무 관리로서 주도적인 역할을 담당하였다.
2_ 유안(劉晏): 당나라 대종(代宗) 때 소금 전매 제도를 확립하여 안록산(安祿山)의 난 이후 궁핍했던 국가 재정을 재건하는 데 공을 세웠으나, 민간의 불만을 샀다.
3_ 왕안석(王安石): 송나라 신종(神宗) 때 재상이 되어 '신법(新法)'을 시행하였다. '신법'에는 농민과 중소 상인을 대상으로 한 저리 대출 정책 등이 들어 있었는데, 국가 재정 확보에는 도움이 되었으나 영세 농민과 중소 상인에게 실질적인 혜택을 주지는 못했다. 결국 '신법'은 반대 정파의 격렬한 저항에 부딪혀 단기간 만에 좌초되고 말았다.

자리에 있는 이들이라면 생각지 않던 원한과 아직 드러나지 않은 원한을 일찌감치 간파하고 있어야 하지 않겠는가!

국가 재정을 충실하게 하는 방법이다. 원론적인 이야기이긴 하지만, 인민의 입장에 서서 투명하게 세금을 거두고 귀중한 혈세를 낭비하지 않는 일은 오늘날의 국가 운영에서도 여전히 가장 중요한 원칙이 되어야 할 것이다. 힘 있는 소수의 편에 서지 않고 힘 없는 다수의 편에서 일하는 정부라면 잊지 말아야 할 덕목이다.

최선의 정치

1

하늘과 땅의 도는 늘 한결같으므로 고요하다. 하늘과 땅의 마음은 조화로우므로 부드럽다. 하늘과 땅의 기운은 건강하므로 넓다.

한결같으므로 변화하고, 고요하므로 움직인다. 조화로우므로 순하고, 부드러우므로 본래 상태로 돌아간다. 건강하므로 쉬지 않고, 넓으므로 포용한다. 하늘과 땅의 도량을 이로써 알 수 있다.

성인(聖人)은 하늘과 땅을 대신하여 만물을 기른다. 만물은 고요한 데서 태어나 조화로운 데서 성장하며, 건전한 데서 마음을 키운다.

기운이 모이고 기운이 흩어지는 가운데 조화가 일어난다. 그러므로 하늘과 땅은 말하지 않아도 일을 이루고, 성인은 명령을 내리는 일이 없어도 신뢰를 얻는다.

2

최선의 정치란, 훌륭한 정치를 하고자 하는 바람을 가지고 의도적으로 일을 벌이는 것이 아니다. 최선의 정치는 순리를 따르는 데서 이루어진다. 무위(無爲)란 아무 일도 하지 않는다는 것이 아니다. 무위는 마음속에 진실함[誠]을 둔 채 쉼 없이 정진하는 것이다.

그러므로 편안히 실행하는 사람은 성인(聖人)이요, 이로운 방향으로 일을 실행하는 사람은 그 아래요, 억지로 일을 벌이는 사람은 또 그 아래다.

정치를 하겠다면서 몸소 실천하지 않으면 인민이 배반한다. 배반했다고 해서 무력으로 그들을 위협하는 것은 참으로 위태로운 방법이다.

3

옛날의 성인은 천하가 힘써야 할 일들을 훌륭히 이루어 냈다. 하지만 오늘날 사람들이 그 일을 두고 "왜 지금은 옛날처럼 하지 못하는가?"라고 말하는 것은 옳지 않다. 오늘날과 달리 옛날에는 그 시대에 맞는 예악(禮樂)이 잘 정비되어 있었기에 새로운 제도를 보탤 필요가 없었다.

이를 두고 다시 "옛날의 제도는 오늘날에 맞지 않다"라고 말하는 것 역시 옳지 않다. 물론 옛날의 제도를 그대로 답습하여 풍토와 습속에 알맞게 변통하지 않으면, 옛날의 제도를 궁구하여 오늘날에 부합하도록 만들 수 없다. 그러나 역대 제왕들이 고치지 않았던 불변의 법률과 격식에 대해서라면 신중하고도 엄숙한 태도로 살펴야 하는바, 억지로 고쳐서는 안 된다.

4

자랑하지 않는 것이 윗사람의 소중한 덕목이다. 윗사람이 자랑하면 아랫사람도 자랑하게 되고, 아랫사람이 자랑하면 결국 윗사람을 업신여기게 된다. 따라서 신하가 임금을 시해하고 왕위를 찬탈하는 일의 빌미는 아랫사람이 아니라 윗사람이 먼저 제공한 것이다.

그러므로 정치가 잘 이루어지는 시절의 임금들을 보면 겸허한 까닭에 사람을 얻고, 정치가 어지러운 시절의 임금들을 보면 교만한 까닭에 수모를 받는다.

5

정치가 잘 이루어지는 시절의 정책은 간단하면서도 무게가 있다. 정치가 어지러운 시절의 정책은 번잡하면서도 가볍다.

정치가 잘 이루어지는 시절의 법령은 너그러우면서도 엄하다. 정치가 어지러운 시절의 법령은 촘촘하면서도 궁색하다.

정치가 잘 이루어지는 시절의 형벌은 측은히 여기는 마음이 배어 있으면서도 올바르다. 정치가 어지러운 시절의 형벌은 처참하면서 무질서하다.

정책과 법령이 원리원칙을 귀하게 여기고 형벌이 예외 없이 엄격히 집행되어야 인민들이 이를 믿고 두려워한다.

정치가 잘 이루어지는 시절의 특징에 비추어 볼 때 오늘날의 우리 사회는 어떠한가 생각해 보게 하는 글이다. "윗사람이 자랑하면 아랫사람도 자랑하게 되고, 아랫사람이 자랑하면 결국 윗사람을 업신여기게 된다"라는 구절은 이른바 '상류층'에 속하는 인사들이 눈여겨보아야 하지 않을까.

나라의 근본

하늘이 인민을 낳고
임금을 세우신 건
오직 인민을 받들어
사랑으로 기르라는 뜻.
홀아비, 과부, 고아, 자식 없는 이
늙고 병든 이, 장애인
크건 작건 상관없이
모두 길러 살리라는 뜻.
은혜를 베풀면 성군(聖君)이요
학대하면 폭군이라
하나가 여럿을 편안케 하란 거지
여럿이 하나 받들라는 게 아니었네.
조금이라도 원망 생긴다면
임금 그대의 잘못이라
하늘이 죄를 내리사
그대의 자리 빼앗으리.
그 자리 어진 이에게 주고 나면

한낱 필부로 돌아갈 터
하루아침에 위세 잃고
후회해야 부질없네.
인민을 나라의 근본이라 하나니
근본이 튼튼해야 그대가 편안한 법.
그대의 밥은
인민의 곡식이요
그대의 옷은
인민의 비단이요
그대의 집이며 수레는
인민의 힘에서 나온 것.
십분지 일 세금 바쳐
임금으로 삼았거든
사랑과 위엄으로
이끌 일이지
어이하여 하늘을 우습게 보고
함부로 방탕한 짓 일삼는 건가.
인민을 공경하고 하늘을 공경하라
인민을 두려워하고 천명을 두려워하라.
임금 된 자 항상

그리한다면
천명이 저버리지 않아
영원히 그대를 지켜 주리라.

―

天生烝民, 立之司牧, 惟其克尚, 寵綏撫育. 鰥寡孤獨, 疲癃殘疾, 無小無大, 咸仰字活. 惠我卽湯, 虐我卽桀, 以一治衆, 非衆奉一. 少有怨咨, 辟爾之辜, 天降之咎, 奪爾版圖. 與賢與仁, 爾爲匹夫, 一朝失勢, 雖悔追乎. 固名邦本, 本固爾安. 爾之食也, 民之穀也, 爾之服也, 民之帛也. 宮室車馬, 民之力也, 什一而貢, 貢以爲帥. 帥我以仁, 非帥烈烈, 如何慢天, 故爲放佚. 敬民敬天, 畏民畏命, 爲人上者, 恒存畏敬, 天命不僭, 永保爾正.

―

나라의 근본은 국민이고, 학교의 근본은 학생이며, 병원의 근본은 환자이다. 국민을 위해 정치인이 존재하는 것이지 정치인을 위해 국민이 존재하는 것은 아니다. 자신의 존재 근거를 망각하고 사는 사람들에게 경구(警句)가 될 만한 글이다.

인민을 사랑해야 하는 이유

『서경』(書經)에 이르기를, "인민은 나라의 근본이니, 근본이 견고해야 나라가 평안하다"[1]라고 했다.

무릇 인민이 군주를 추대하여 군주에게 의지하여 살아간다 할지라도 군주가 왕위에 올라 부릴 수 있는 존재는 인민뿐이다. 민심이 군주를 따른다면 가히 만세의 군주가 될 수 있지만, 민심이 이반하면 하루아침에 필부가 되고 만다. 군주와 필부의 사이는 터럭 하나 차이일 따름이니 삼가지 않을 수 있겠는가!

이 때문에 군주의 창고는 인민의 몸이요, 군주가 입고 신는 옷이며 신발은 인민의 가죽이요, 군주가 먹고 마시는 술이며 음식은 인민의 기름이요, 군주가 사는 궁궐과 타고 다니는 수레며 말은 인민의 힘이요, 군주가 쓰는 온갖 물건들은 인민의 피다.

인민이 자기 생산물에서 십분의 일을 바치는 이유는 군주가 총명함을 발휘하여 자신들을 잘 다스려 주리라 믿기 때문이다. 그러므로 군주는 음식상을 받으면 인민이 자기처럼 잘 먹고 있는지, 옷을 입으면 인민도 자기처럼 잘 입고 있는지를 생각한다. 궁궐 안에 있을 때에는 만백성이 편안히 지내고 있는지, 수레를 타고 나가서는 만백성이 평화롭고 경사로운지를 생각한다.

---

[1] 인민은~평안하다: 『서경』「하서」(夏書)에 나오는 말이다.

그러므로 "네가 입는 옷과 네가 먹는 음식은 인민의 고혈(膏血)이다"[2]라는 말이 있다. 그리하여 군주는 평소에 무언가를 받을 때마다 미안하고 가엾은 마음이 드는 법이다. 그렇거늘 어찌 망령되이 무익한 일을 일으켜 인민의 힘을 허비하고, 농사지을 때를 빼앗아 원망과 한숨을 사며, 평화로운 기운을 상하여 하늘의 재앙을 부르고, 기근에 몰려 인자한 부모와 효성스런 자식이 생계를 잇지 못해 뿔뿔이 흩어져 살게 하며 끝내 도랑과 골짜기에 시체로 뒹굴게 한단 말인가?

아아! 옛날 좋았던 시절엔 군주와 인민이 한 몸이라서 군주의 힘을 알지 못했다. 그 시절을 일러 이런 노래가 있다.

우리가 먹고사는 건
모두 군주의 법도 덕분.
어느새 나도 몰래
군주의 법 따르게 되네.[3]

이를 두고 또 이렇게도 노래한다.

해 뜨면 일하고
해 지면 쉬나니

---

[2] 네가~고혈(膏血)이다: 오대십국(五代十國) 시대 후촉(後蜀)의 군주 맹창(孟昶)이 지은 「영잠」(令箴)에 나오는 말이다.
[3] 우리가~되네: 요순(堯舜) 시절에 인민들이 불렀다는 「강구요」(康衢謠)의 노랫말.

임금의 힘이 나와 무슨 상관인가?4_

그러나 시대가 내려와 폭군이 교만하고 사납게 굴자 인민의 원망과 한숨이 일어났다. 이를 일러 이렇게 노래했다.

인민을 대하는 일이
썩은 고삐로
여섯 마리 말을 모는 것과 같네.
원망이 어찌 밝은 데 있으리
발현하기 전에 도모해야 하리라.5_

이를 두고 또 이런 말이 있다.

저 태양은 언제나 망할까?
내가 너와 함께 망하리라!6_

심지어 어떤 군주는 주지육림(酒池肉林)을 만들어 밤낮으로 놀더니만, 추운 겨울날 아침에 물을 건너가는 사람을 보고는 추위를 견디는 이유가 궁금하다며 그 정강이를 베어 보았고, 급기야는 임신한 여인의 배를 갈라 보기에 이르렀다.7_ 그러고도 그

4_ 해 뜨면~상관인가: 요순 시절에 인민들이 불렀다는 「격양가」(擊壤歌)의 노랫말.
5_ 인민을~하리라: 『서경』「하서」(夏書)에 나오는 말.
6_ 저 태양은~함께 망하리라: 하(夏)나라의 폭군 걸왕(桀王)을 태양에 비유하여 당시 인민들이 불렀다는 노래로, 『서경』(書經) 「탕서」(湯誓)에 나온다.
7_ 심지어~이르렀다: 은(殷)나라의 폭군 주왕(紂王)이 벌인 악행들이다.

는 "포악한 행동이 해로울 게 없다"라고 말했다.

전국 시대(戰國時代)[8]에 이르러서는 강대국이 약소국을 집어삼키며 정복 전쟁의 재앙이 거듭 일어나 무고한 인민을 사지(死地)로 몰아넣었으니, 너무도 참혹했다.

진(秦)나라와 한(漢)나라 때 이래로는 도사(道士)와 노자(老子), 석가(釋迦)의 말이 날로 번성하여 궁궐에서 지내는 제사에 다 돈을 허비하니 인민의 괴로움을 어찌할까.

인민의 생업은 나날이 망해 가서 가난한 동네 사람들은 생계를 유지할 길이 없게 되었다. 결국 이들은 앞다투어 도망가 정체를 감추고 숨어 사는 것을 편안하게 여겼다. 이 지경에 이르고서야 군주가 누구와 더불어 나라를 경영한다는 것인가?

그러므로 군주가 나라를 다스리는 데에는 오로지 인민을 사랑하는 것을 근본으로 삼아야 한다.

인민을 사랑하는 방법에는 '어진 정치'〔仁政〕를 펴는 것이 있을 뿐이다. 어진 정치란 어떻게 하는 것인가?

따스하게 품어 주는 것도 아니요, 어루만지고 쓰다듬어 주는 것도 아니다. 다만 농사를 권장하여 본업에 충실하게 살도록 만들어 주는 것일 따름이다.

본업에 충실하도록 권하는 방법은 무엇인가?

번거롭게 명령을 내려 아침에 이런 말로 타이르고 저녁에 저

---

[8] 전국 시대(戰國時代): 기원전 5세기 중엽에서 기원전 221년 진시황(秦始皇)의 중국 통일에 이르기까지의 분열 시기.

런 말로 장려하는 것이 아니다. 다만 조세를 가볍게 하고, 농사지을 시기를 놓치지 않도록 해 주는 것일 따름이다. 그런 까닭에 공자(孔子)는 『춘추』(春秋)를 지으면서 궁궐을 짓고 성곽을 쌓는 일에 대해서는 반드시 그때가 언제인지를 기록하였다. 인민을 수고롭게 하는 일이 얼마나 중대한 일인지 후세의 군주들이 명심하도록 깨우쳐 주고자 했던 것이다.

정치의 근본이 무엇인가 생각하게 하는 글이다. "내가 입는 옷과 내가 먹는 음식은 인민의 고혈(膏血)이다"라는 말을 비롯하여 오늘날의 정치인으로부터 이른바 지식인에 이르기까지 새겨들을 만한 구절이 많다.

세상 만물을 사랑하는 길

어떤 이가 내게 물었다.

"세상 만물을 사랑하는 방법은 무엇입니까?"

나는 이렇게 대답했다.

"저마다 자기 본성대로 살도록 하는 겁니다. 『주역』(周易)에 이르기를, '하늘과 땅의 큰 덕을 생(生)이라 한다'라고 했습니다. 만물을 끊임없이 낳고 또 낳는 것은 하늘과 땅의 큰 덕이요, 살고자 하는 것은 만물의 본성입니다. 그러므로 만물의 살고자 하는 본성을 따르고, 만물을 끊임없이 낳고 또 낳는 하늘과 땅의 큰 덕을 본받아, 세상 만물이 저마다 자기 본성대로 살며 깊고 두터운 사랑과 은혜 속에서 자라도록 할 따름입니다."

좀 더 자세히 설명해 달라고 하기에 이야기를 계속했다.

"사람과 만물은 하늘과 땅 사이에 함께 살고 있으니 '인민은 내 동포요, 만물은 나와 더불어 있다'라는 말이 좋습니다. 이 말대로 사람이 세상의 으뜸이며 만물은 그 다음이지요.

군자(君子)가 사람을 대해서는 사랑하되 어질게 대하지 않으며, 만물에 대해서는 어질게 대하되 사랑하지는 않습니다.

먼저 '어질게 대한다'라는 말의 의미를 알아봅시다. '물고기를 잡을 때 촘촘한 그물을 쓰지 않는다', '나무를 벨 때 적당히 자란 것에만 도끼를 댄다', '길이가 한 자 되지 않는 물고기는 시장에서 팔 수 없다', '사냥하되 새끼나 알은 취하지 않는다', '그물을 쳐 놓고 새가 잡혀 들지 않기를 빈다', '낚시질은 하되 그물질은 하지 않는다', '활을 쏘되 잠든 새는 쏘지 않는다'라는 말이 모두 그런 뜻입니다. 『시경』(詩經)에 있는 이 노래도 같은 뜻이지요.

저기 무성한 갈대밭에
한 번 쏘아 돼지 다섯을 잡나니
어허! 어진 분이시도다.[1]

'사랑하지 않는다'라는 말은 무슨 뜻일까요. '순(舜)임금이 백익(伯益)[2]으로 하여금 산과 연못에 불을 지르게 하여 호랑이며 표범이며 무소며 코끼리를 내몰아 멀리 쫓아 버렸다', '봄·여름·가을·겨울에 철마다 사냥을 했다', '닭이며 돼지며 개를 기를 때에 그 시기를 잃지 않으면 나이 일흔 된 노인이 고기를 먹을 수 있다', 『주역』에서 '그물을 만들어 사냥하고 고기를 잡는다'라고 한 말이 모두 그런 뜻입니다.

이 때문에 군자가 동물을 기르는 것은 늙고 병든 인민을 구제하기 위해서이고, 물고기 잡고 사냥하는 것은 잔치와 제사에

---

[1] 저기~분이시도다: 『시경』 「추우」(騶虞)의 한 구절. 주나라 문왕의 교화를 입어 만물이 풍요롭게 생장함을 기린 노래이다.
[2] 백익(伯益): 순임금과 우(禹)임금 때의 신하. 순임금 때 산택(山澤) 관리의 총책임자 역할을 했고, 우임금 때 치수(治水) 사업에 큰 공을 세웠다.

쓰기 위해서입니다. 다만 그 적당한 정도를 짐작해서 일을 하는 것이며, 어질게 대한다고 해서 살생하지 않는 것도 아니요, 살생하더라도 모조리 잡아들이는 것을 좋게 여기지도 않습니다.

'백 일 동안이나 돌아오지 않았다'라는 『서경』의 기록은 태강(太康)[3]이 방탕하게 사냥을 즐겼던 일을 원망한 것이요, '불이 타오르니 일제히 일어나네'라는 『시경』의 노래는 공숙단(共叔段)[4]이 숲에 불을 질러 짐승을 한쪽으로 몬 뒤 사냥했던 일을 비난한 것입니다. 그러니 이처럼 잔인하고 포악하게 살상할 필요가 무엇 있겠습니까? 오직 인민의 어려움을 덜고 인민이 잘살도록 하기 위해서 할 따름입니다.

그러므로 그 차례로 말하자면 '인민을 어질게 대하고, 만물을 사랑한다'라고 할 것이며, 그 중요함으로 말하자면 마을에 불이 났을 때 공자(孔子)께서 '사람이 다치지 않았느냐?'라고만 묻고 마구간의 말이 상했는지는 묻지 않으셨다는 일을 들 수 있습니다. 이것이 군자가 만물을 사랑하는 뜻이지요."

또 이렇게 물었다.

"불교의 책에는 살생하지 않는 것을 계율로 삼았는데, 이것이 참으로 선한 게 아니겠습니까?"

나는 이렇게 대답했다.

"짐승을 죽이는 것은 인민의 어려움을 덜어 주고, 그 고기를

---

[3] 태강(太康): 하(夏)나라의 제3대 임금. 정사를 돌보지 않고 낙수(洛水)에 1백 일 동안 사냥을 나가는 등 유희를 일삼다가 왕위를 잃었다.
[4] 공숙단(共叔段): 춘추 시대 정(鄭)나라 장공(莊公)의 아우로, 용맹하기로 이름 높았다.

먹여 인민을 잘살도록 하기 위해서입니다. 먹을 것이 없어 서로 물고 죽여 인육(人肉)을 먹기에 이른 참혹하기 그지없는 상황에서 그저 '살생하지 않는다'라고 하는 말이 무슨 의미가 있겠습니까?"

김시습이 제시한 '만물을 사랑하는 길'은 근대적인 '인간중심주의'와도 다르고, 오늘날 그 중요성이 부각되고 있는 '생태주의'와도 달라 보인다. 인간을 중심에 두되 자연과의 조화를 추구해 나가야 한다는 생각에 가깝지 않은가 싶다. '눈앞의 생존'을 위한 개발이냐 '장기적인 생존'을 위한 환경 보존이냐를 두고 고민해야 하는 순간 한 가지 생각의 단서를 제공해 주는 글이다.

귀신이란 무엇인가

하늘과 땅 사이에 오직 하나의 기운이 풀무질할 따름이다. 이 기운은 움츠리고 펴며, 차고 비는 이치가 있다.

움츠리고 폄은 묘(妙: 지극히 오묘한 이치)이고, 차고 빔은 도(道)이다. 펴면 차고 움츠리면 비며, 차면 나오고 비면 돌아간다. 나온 것을 '신'(神)이라 하고 돌아간 것을 '귀'(鬼)라 하는데, 그 실제 이치는 한가지요, 나뉘면 여러 갈래로 달라진다.

만물이 순환하고 왕복하며 번성하고 시드는 것은 천지자연의 조화로서, 그 조화의 자취는 모두 음(陰)과 양(陽)의 두 기운이 소멸하고 성장하는 타고난 능력에서부터 나온다.

그리하여 그 본체는 성실하여 허망함이 없고, 그 덕은 만물에 형체를 부여하여 어느 하나 빠뜨림이 없다. 그 움직임은 넘실넘실 가득하여 위에 있는 듯 좌우에 있는 듯, 사람으로 하여금 귀신의 밝고 환한, 신비로운 기운을 느끼게 한다. 그 기운은 하늘과 땅의 바른 정기(精氣)이므로, '신'은 예에 맞지 않는 제사를 받지 않는다. 지극히 정성스러운 것이 하늘과 땅의 도이므로, 마땅히 제사 지내야 할 '귀'가 아닌데 제사 지내는 것은 아첨이다.

"제사는 예의가 중요하니, 예의가 제사에 소용되는 물건의 풍성함에 미치지 못하면 안 된다"(『서경』書經 「낙고」洛誥)라는 말이 있으니, 제사에 쓰이는 온갖 그릇을 갖추어 만들고, 앞으로 나오고 뒤로 물러나며 절하고 읍(揖)¹⁻하는 예의를 다하고, 거문고와 피리 등 제사 의식에 필요한 악기를 만든다. 하늘과 땅이 정한 명분에 따른 그릇을 쓰고, 하늘과 땅이 정한 존비(尊卑: 귀천)에 따른 의식을 쓰며, 하늘과 땅이 정한 조화로움에 따른 음악을 쓴다.

의식이 있으면 귀신이 있다. 의식의 예가 지극하다는 것은 정성스러움이 가득함을 뜻한다. 귀신이란 것은 정성스러움의 묘(妙)이고, 귀신을 섬긴다는 것은 정성스러운 마음을 드러냄을 말한다. 그러므로 "정성스럽지 않으면 아무것도 존재할 수 없다. 이 때문에 군자는 정성스러움을 귀하게 여긴다"(『중용』中庸)라고 하는 것이다. 이는 귀신의 지극한 공이요, 바른 기운이 환히 드러난 것이다. 성인이 일에 능한 것도 처음부터 어떤 일에 뜻을 두어서가 아니다. 추위와 더위가 오가고, 해와 달이 번갈아 비추며 낮과 밤이 바뀌는 것이 바로 이치의 자연스러움이요, 기운이 기운 되는 이유로서, 이것이 변화를 이루고 귀신을 움직인다.

진(晉)나라에서 돌이 말을 하고,²⁻ 신(莘) 땅에 신이 강림하며,³⁻ 대들보에서 휘파람을 불고, 방 안을 내려다보며, 재앙과 복을 알려 주고, 덤불숲에 의지한 것은 모두 사악한 기운이다. 사악한 기운은 사람의 마음이 미혹된 탓에 귀신을 감응시켜 불러

1_ 읍(揖): 인사하는 예의 한 가지. 두 손을 맞잡아 얼굴 앞으로 들고 허리를 공손히 구부렸다가 펴면서 두 손을 내린다.
2_ 진(晉)나라에서 돌이 말을 하고: 춘추 시대 진나라에서 있었던 변괴로, 『춘추좌전』(春秋左傳)에 기록되어 있다. 노(魯)나라의 신하 사광(師曠)은, 백성들의 원망이 사무쳐 말할 수 없는 존재가 말하는 일이 벌어졌다고 해석하였다.
3_ 신(莘) 땅에 신이 강림하며: 춘추 시대 괵(虢)나라에서 있었던 변괴로, 『춘추좌전』에 기록되어 있다. 주나라 혜왕(惠王)이 이 일에 대해 묻자, 신하 내사과(內史過)는 괵나라가 망할 징조라고 하였다.

낸 경우에 나타난다. 또 기운이 아직 다하지 않은 채 제명에 못 죽은 혼령이 형체 없는 가운데 여전히 뭉쳐 있는 것일 수도 있다. 이는 마치 거울에 입김을 불면 김이 서렸다가 추위가 심하면 얼어붙는 것과 같은 이치이다. 이러한 기운은 오랜 시간이 흐르면 자연히 소멸되게 마련이니, 돌아갈 곳이 있음에도 돌아가지 않은 귀신은 없는 법이다.

그러므로 『주역』에 이르기를, "정기는 만물을 이루고, 떠도는 혼은 변화를 이룬다. 이 때문에 귀신의 실체를 알 수 있다"(『주역』「계사전_繫辭傳)라고 하였다. 지극히 잘 다스려지는 세상과 지극한 경지의 사람에게는 이러한 일이 일어나지 않는다.

하늘과 땅 사이의 모든 작용은 하나의 기운에 의해 이루어지고 귀신 역시 같은 맥락에서 설명할 수 있음을 밝힘으로써 당대의 무분별한 미신 숭상을 비판하고 있는 글이다. 귀신의 존재를 입김에 빗대어 설명하는 대목이 흥미롭다. 잘 다스려지는 세상에는 떠도는 원귀가 없다는 말은 『금오신화』를 읽는 데 하나의 시사점을 던져 주는 듯하다.

태극을 말한다

　태극(太極)이란 무극(無極: 극이 없음, 끝이 없음)이다. 태극은 본래 극이 없다. 태극은 음양(陰陽)이요, 음양은 태극이다.
　태극에게 '극'이 있다고 말하는 것은 진실로 극이 있다는 뜻이 아니다. 그때의 '극'이란 것은 지극하다는 뜻이며, 이치가 지극하여 더할 것이 없다는 뜻이다. '태'라는 것은 포용한다는 뜻이며, 도가 지극히 커서 그것과 나란히 설 만한 것이 없다는 뜻이다.
　음양 밖에 별도의 태극이 또 있다면 음양일 수 없다. 태극 안에 별도의 음양이 있다면 태극이라고 할 수 없다. 음이 양이 되고 양이 음이 되며, 움직임[動]이 고요함[靜]이 되고 고요함이 움직임이 되는, 이치의 무극이 바로 태극이다.
　그 기운은 움직이고 고요하며, 열리고 닫혀 음이 되고 양이 된다. 그 본성은 크고[元] 형통하며[亨], 마땅하고[利] 올곧다[貞]. 그 정(情)인즉 음(가을·겨울)으로는 암담처량하고, 양(봄·여름)으로는 화창하다. 그 움직임으로 말하자면 하늘과 땅이 이 때문에 둥글고 네모지며, 원기가 이 때문에 발현하여 자라고, 만물이 이 때문에 각각의 본성을 이룬다.
　만물의 본성이 바른 것은 태극이 곧 음양이기 때문이다. 그러므로 『주역』에 이런 말이 있다.

"바삐 오가면 벗만이 네 생각을 따르리라."(『주역』「함괘」咸卦)

공자는 이 구절을 이렇게 풀이했다.

"천하에 무엇을 생각하고 무엇을 궁리하랴? 천하의 귀결점은 하나이되 가는 길이 여러 갈래일 뿐이요, 이치는 하나이되 백 가지 생각이 있는 것이니, 천하에 무엇을 생각하고 무엇을 궁리하랴?"(『주역』「계사전」)

생각하고 궁리할 수 없음은 정성스러움[誠]이요, 생각하고 궁리함이 있는 것은 허망함이다. 허망함이 없이 진실한 것이 정성스러움이다. 정성스러움이란 것은 쉬지 않는다. 쉬지 않으므로 둘이 아니요, 둘이 아니므로 헤아릴 수 없다. 해가 가면 달이 오고 달이 가면 해가 와서, 해와 달이 번갈아 비추며 낮과 밤이 이루어진다. 추위가 가면 더위가 오고 더위가 가면 추위가 와서, 추위와 더위가 번갈아 들며 한 해가 이루어진다.

"하늘이 무슨 말을 한 적이 있던가! 그러나 사계절을 운행하고 만물을 만들어 낸다"(『논어』「양화」陽貨)라고 했으니, 이는 만물의 움직임이 오직 하나의 태극에서부터 말미암았음을 말한 것이다.

"솔개는 하늘에 날고, 물고기는 연못에 뛰논다"(『중용』)라는

1_ 하나로 꿰는~충서(忠恕)일 뿐이다: 『논어』「이인」(里仁)에 나오는 말이다. 공자가 제자인 증자(曾子)에게 "나의 도는 하나로 꿰어 있다"라고 한 데 대해 다른 제자가 그 의미를 묻자 증자가, "선생님의 도는 '충서'일 뿐이다"라고 말했다. '충'(忠)은 자신의 진심을 다하는 것을 말하고, '서'(恕)는 나의 마음을 미루어 남을 대하는 것을 말한다. '서'는 또 '기소불욕(己所不欲) 물시어인(勿施於人)', 곧 '내가 하고 싶지 않은 일을 남에게 행하지 마라'라는 말로 풀이된다.

말이 있고, "군자의 도는 남편과 아내 사이에서 비롯된다"(『중용』)라는 말이 있다. 사람의 도는 보이지도 않고 들리지도 않지만, 어느 존재이든 이 도를 가지지 않은 것이 없고, 어느 때이든 이 도가 관철되지 않은 적이 없어서, 모든 존재가 하나의 도로 꿰어 있음을 말한 것이다.

그러므로 태극의 도는 음양일 뿐이요, 하나로 꿰는 도는 충서(忠恕)일 뿐이다.1_ 이밖에는 더 이상 말할 것이 없으니, 더 이상 하는 말은 모두 공허에 빠져 이른바 '극'을 잃게 됨이 분명하다.

만물의 근원이 태극, 곧 음양이라는 하나의 기운에 있음을 논한 글이다. 중세 동아시아 철학의 주요한 논제였던 '이기론'(理氣論)에서 기일원론(氣一元論) 혹은 기철학(氣哲學)의 선구적인 생각을 보여 준 글로 유명하다.

양양부사 유자한[1]에게
속마음을 토로하여 올린 편지

늘 후의로 큰 도움을 주시니 감사하고 또 감사합니다.

저더러 어르신의 글을 보아 달라 하시니 저의 얕은 재주에 대하여 헛된 명성이 따라다니기 때문인가 봅니다. 이에 저의 실상을 숨김없이 아뢰고자 하니, 이런 말씀을 올리는 것은 제가 스스로를 높이거나 낮추어 남에게 칭찬받고자 해서가 아닙니다. 제가 스스로를 높여 본들 온 나라 사람 모두가 그게 허명(虛名)임을 알 것이요, 제가 스스로를 낮춘들 온 나라가 모두 그 치졸함을 알 것입니다. 또 오늘 어르신 앞에서 제가 스스로를 높이거나 낮춘다고 해서 더 드러날 것이 무어 있겠습니까?

제 본관은 강릉으로, 신라 왕 김알지(金閼智)의 후예인 원성왕(元聖王, 재위 785~798)의 아우 김주원(金周元)의 후손입니다. 이에 대해서는 『삼국사기』(三國史記) 신라본기(新羅本紀)에 상세한 내용이 실려 있습니다.

어머니의 본관은 울진(蔚珍)으로, 선사(仙槎) 장씨(張氏)라고도 불립니다. 한(漢)나라의 박망후(博望侯) 장건(張騫)[2]의 후예라고들 하는데, 실상이 어떤지는 확실치 않습니다.

먼 조상인 김연(金淵)과 김태현(金台鉉)[3]이 대대로 고려(高

1_ 유자한(柳自漢): 조선 성종 때 예문관 응교(應敎: 정4품 벼슬), 양양부사(襄陽府使)를 지냈다. 연산군 10년(1504) 갑자사화에 연루되어 유배되었다가 유배지에서 죽었다.
2_ 장건(張騫): 한나라 무제(武帝)의 명을 받고 흉노를 견제할 동맹국을 구하고자 서쪽으로 향했다가, 중국 최초로 중앙아시아 일대를 여행하고 돌아와 동서 교역의 물꼬를 텄다.
3_ 김태현(金台鉉): 고려 후기의 문신으로, 충숙왕과 충혜왕 때 국정을 전담한 바 있다. 그런데 김태현의 본관은 광산(光山)이라서 김시습의 조상은 아니다. 김시습 당시에는 족보 편찬이 제대로 이루어지지 않았던바, 사실 관계를 잘못 파악하고 있었던 듯하다.

麗)의 시중(侍中)4-을 지냈으니, 『고려사』(高麗史)에 자세한 내용이 실려 있습니다. 저의 증조부는 봉익대부(奉翊大夫: 종2품 벼슬)를 지내셨고, 부친이 조상의 음덕을 받아 말단 벼슬을 맡았으나 병으로 인하여 실제 벼슬에 나아가지는 못하셨습니다.

저는 을묘년(1435)에 서울의 성균관(成均館) 북쪽에서 태어났습니다. 태어난 지 여덟 달 만에 글자를 알았다고 합니다. 이웃에 사시던 친척 할아버지 최치운(崔致雲)5-이 제 이름을 '시습'(時習)이라 지으셨고, 이름의 의미를 풀이한 글을 써서 제 외조부께 주셨습니다.

외조부께서는 제게 우리말을 먼저 가르치지 않고 천자문을 가르치셨습니다. 말은 잘하지 못하면서도 뜻은 모두 통하여 알 수 있었습니다. 말도 제대로 못하면서 글을 먼저 배운 탓에 나중에 커서도 말을 더듬었고, 오히려 말로 잘 안 되는 것이 붓을 들면 술술 풀려 나와 제 뜻을 모두 써낼 수 있었습니다. 세 살에 글을 지을 수 있었는데, 제가 다섯 살에 글을 지었다고들 하는 것은 글을 읽고 짓는 이치를 크게 깨달은 때를 말한 것입니다.

병진년(1436) 봄에 외조부께서 유명한 시구를 뽑아 놓은 책을 가르치셨는데, 저는 그때까지도 말을 하지 못했습니다. 외조부께서

4_ 시중(侍中): 고려 시대 최고 정무 기관인 중서문하성(中書門下省)의 종1품 관직으로, 재상에 해당한다.
5_ 최치운(崔致雲): 조선 전기의 문신으로, 공조참판·이조참판을 지냈다.

난간 앞에 웃는 꽃

　　소리는 들리지 않네.　　　　　　　　　花笑檻前聲未聽

라고 하시면 제가 병풍에 그린 꽃을 가리키며 "떼떼" 소리를 냈고, 또

　　수풀에 우는 새,

　　눈물은 보이지 않네.　　　　　　　　　鳥啼林下淚難看

라고 하시면 병풍에 그린 새를 가리키며 "떼떼" 소리를 냈다고 합니다. 외조부께서는 제가 그 뜻을 이해하는 줄 아시고, 곧 당시(唐詩)와 송시(宋詩)를 1백여 수 뽑아 다 읽게 하셨습니다.

　　정사년(1437)에 이르러서야 제가 비로소 말을 하게 되어 외조부께 이런 말을 여쭈었습니다.

　　"시는 어떻게 짓나요?"

　　외조부께서 이렇게 대답하셨습니다.

　　"일곱 글자를 이어서 평측(平仄)을 맞추고[6]― 두 구절씩 대구를 지으며, 운자(韻字)를 맞추어 넣은 것을 시라고 한단다."

　　"그런 거라면 일곱 글자를 이을 수 있겠어요. 할아버지께서 맨 첫 글자를 불러 보셔요."

6_ 평측(平仄)을 맞추고: 한시를 지을 때 엄격한 규칙에 따라 평성(平聲)의 글자와 측성(仄聲), 곧 상성(上聲)·거성(去聲)·입성(入聲)의 글자를 지정된 위치에 놓는 방법을 말한다.

할아버지가 봄 춘(春) 자(字)를 부르자 저는 즉각 이렇게 읊었습니다.

새 집에 봄비 내리니
봄기운이 열리네.　　　　　　　　　　　　春雨新幕氣運開

살던 집이 초가집이었는데, 집 곁의 동산을 바라보니 가랑비가 내리고 있었고 때마침 살구꽃 봉오리가 막 벌어지고 있기에, 이를 읊은 것이었습니다.
이런 구절도 읊었습니다.

복사꽃 붉고 버들잎 푸르니
봄이 저무네.　　　　　　　　　　　　　　桃紅柳綠三春暮

또 이런 구절도 읊었습니다.

파란 침에 구슬이 꿰었구나
솔잎에 이슬방울.　　　　　　　　　　　　珠貫靑針松葉露

이렇게 지은 시 구절이 적지 않았으나 적어 놓은 종이를 다

잃어버려 지금은 거의 잊어버렸습니다.

　이로부터 『정속』(正俗)·『유학』(幼學)·『자설』(字說)[7] 등 아동들의 학습서를 모두 읽었고, 『소학』(小學)의 의미를 깨치기에 이르러서는 수천 글자에 이르는 글을 지을 수 있게 되었습니다.

　기미년(1439)에 이웃에 계시던 수찬(修撰) 이계전(李季甸)[8]의 문하에서 『중용』(中庸)과 『대학』(大學)을 배웠습니다. 이파(李坡)·이봉(李封)의 형인 이우(李堣, 이계전의 장남)와 함께 배웠으니, 이때 제 나이 다섯 살이었습니다. 이웃에 살던 사예(司藝: 성균관의 정4품 벼슬) 조수(趙須)[9]는 저의 자(字)를 짓고 그 의미를 풀이한 글을 함께 지어 주셨습니다.[10] 처음 서울에 제 명성이 퍼진 것은 이 두 분께서 이웃에 살면서 먼저 제 칭찬을 해 주셨기 때문입니다.

　허튼 명성이 자자하자 정승 허조(許稠)[11]가 저희 집에 이르러 저를 찾더니 제 자(字)를 부르며 대뜸 이렇게 말씀하셨습니다.

　"내가 노인이니 늙을 '로'(老) 자로 시작하는 시를 지어 보거라."

　저는 즉시 이렇게 응대했습니다.

늙은 나무에 꽃이 피니

마음은 늙지 않았네.　　　　　　　　　　　老木開花心不老

---

[7] 『정속』(正俗)·『유학』(幼學)·『자설』(字說): 『정속』은 원나라 일암왕(逸庵王)이 효도·우애·신의 등 유학의 기본 도덕을 아동들에게 가르칠 목적으로 만든 책이다. 『유학』은 초보적인 유학(儒學) 입문서, 『자설』은 한자의 뜻을 풀이한 책으로 추정된다.

[8] 이계전(李季甸): 조선 전기의 문신으로, 세종 때 집현전 수찬(修撰)을 지냈다.

[9] 조수(趙須): 조선 전기의 문신. 세종 때 성균관 사예가 되어 집현전 학사를 지도하였다.

[10] 이웃에~지어 주셨습니다: 김시습의 자는 '열경'(悅卿)이다. '시습'이라는 이름이 『논어』(論語)의 첫 구절 '학이시습지'(學而時習之: 배우고 때로 익히면)에서 유래한바, 이어지는 구절인 '불역열호'(不亦悅乎: 역시 기쁘지 아니한가)에서 '열'(悅) 자를 취하여 지

허 정승이 듣자마자 무릎을 치며 감탄하고 탄식하더니 이렇게 말씀하셨습니다.

"이 아이가 이른바 신동이로구나!"

이에 비로소 높은 벼슬아치들이 제 이름을 알고 자주 찾아왔습니다.

세종(世宗)께서도 이 소식을 전해 들으시고 저를 승정원(承政院)으로 불러 승지 박이창(朴以昌)12 으로 하여금 사실 여부를 확인하게 하셨습니다. 승지는 저를 무릎에 앉히고 제 이름을 부르더니 이렇게 말했습니다.

"네 이름을 넣어 시를 지을 수 있겠느냐?"

저는 즉시 이렇게 답했습니다.

올 때에는 포대기에 싸인
김시습이라네.   來時襁褓金時習

승지가 또 벽에 그린 산수화를 가리키며 이렇게 말했습니다.

"이 그림을 두고 시를 또 지을 수 있겠느냐?"

저는 즉시 이렇게 답하였습니다.

배에 있는 작은 정자 모양 집에

은 것이다.
11_ 허조(許稠): 조선 전기의 문신. 세종 때 이조판서·우의정을 지냈다.
12_ 박이창(朴以昌): 조선 전기의 문신. 세종 때 부승지·호조참판을 지냈다. 박이창이 처음 승지가 된 해는 1443년인바, 김시습이 세종의 격려를 받은 시기는 빨라도 아홉 살 되던 해가 된다.

그 누가 들어 있나? 小亭舟宅何人在

이처럼 글을 짓고 시를 지은 것이 적지 않았습니다. 즉시 임금께 아뢰자 다음과 같은 임금의 말씀이 내려왔습니다.

"직접 불러 보고 싶지만 남들이 듣고 해괴하게 여길까 저어되는구나. 집으로 돌려보내 아이의 재주를 밖으로 드러내지 않도록 하며, 가르치기를 부지런히 하도록 하여라. 장성하여 학업이 성취되기를 기다려 이 아이를 크게 쓰리라."

그러고는 물품을 하사하시고 집으로 돌아가게 하셨습니다. 세종 앞에서「삼각산」(三角山) 시를 지었다는 등의 말은 근거 없는 뜬소문으로, 모두 무뢰배들이 지어내 망령되이 퍼뜨린 것들입니다.

이 해로부터 13세가 될 때까지는 이웃에 사시던 대사성(大司成) 김반(金泮)13_의 문하에 나아가 『논어』・『맹자』・『시경』・『서경』・『춘추』를 배웠습니다. 또 이웃의 사성(司成) 윤상(尹祥)14_에게 『주역』과 『예기』(禮記)를 배웠습니다. 온갖 역사서에서부터 제자백가(諸子百家)에 이르기까지의 책들은 모두 독학으로 읽었습니다.

15세가 되었을 때 어머니께서 돌아가셨습니다. 그 뒤로는 외조모께서 길러 주셨습니다. 외조모께서는 하나뿐인 외손자에게

13_ 김반(金泮): 조선 전기의 문신・학자. 세종 때 성균관 대사성을 지냈다.
14_ 윤상(尹祥): 조선 전기의 문신. 세종 때 성균관 사성(司成: 종3품 벼슬), 예문관 제학(종2품 벼슬) 등을 지냈다.

사랑을 담뿍 주셔서 친자식처럼 기르셨습니다. 모친상을 당하자 저를 시골의 농장으로 데리고 가서 서울로 보내지 않으셨습니다. 산소 곁에 묘막(墓幕)을 짓고 지내던 중 삼년상을 채 마치기도 전에 외조모마저 세상을 뜨셨습니다.

홀아비가 된 부친은 병으로 집안일을 돌볼 수 없었기에 계모를 얻으셨습니다. 그 뒤로 세상사가 어그러져 저는 홀로 서울 집에 머물게 되었습니다. 상국(相國, 유자한)의 사위이자 중선(仲善)의 부친인 안신(安信)·지달하(池達河)[15]·정유의(鄭有義)·장강(張綱)·정사주(鄭師周)와 함께 공부했는데, 이들과는 친형제와 다름없는 사이였습니다.

저는 어려서부터 출세하는 일에는 관심이 없었고, 친척이나 이웃의 넘치는 칭찬도 부끄럽게 여겼습니다. 그러던 차에 이윽고 제 마음과 세상사가 어긋나 낭패하기에 이를 무렵 세종과 문종(文宗)께서 잇달아 승하(昇遐)하셨습니다. 세조(世祖) 즉위 초에 벗들과 중신(重臣)들이 모두 저세상 사람이 되었고, 다시 불교가 크게 흥성하여 우리 유학(儒學)이 차츰 쇠퇴하게 되니, 제 뜻도 이미 황량해졌습니다.

그리하여 마침내 저는 승려들과 함께 산수에 노닐었습니다. 이 때문에 친구들은 제가 불교를 좋아한다고 여겼습니다만, 이단의 도리로 세상에 나설 생각이 없었기에 세조의 부르심이 여

---

[15] 지달하(池達河): 조선 전기의 문신. 성종 때 이조정랑을 지냈다.

러 차례 있었음에도 모두 응하지 않았습니다.

    처신하는 것이 갈수록 성글고 오활하여 남들과 비슷하게 살지 못했기에 어떤 이들은 저를 바보라고 여겼고, 또 어떤 이들은 저를 미치광이라고 했습니다. 소라고 불러도, 말이라고 불러도 저는 모두 옳다며 고개를 끄덕였습니다.

    지금 성상(聖上, 성종)께서 왕위에 오르시어 어진 인재를 등용하고 충신의 간언을 따르신다기에, 벼슬에 나아가고자 하는 바람을 가져 보았습니다. 십여 년 전부터 다시 육경(六經)으로 돌아가 열심히 공부하여 다소 정밀해진 바가 있었고, 조상의 제사를 받드는 것이 제 중요한 책무였기 때문입니다. 그러므로 장차 벼슬길에 나아가고 조상께 제사를 올리고자 하였으나, 마치 둥근 구멍에 네모진 연장 자루를 맞추는 것처럼 제 자신과 세상은 서로 맞지 않았습니다. 옛 친구들은 이미 없고 새로운 친구는 아직 친숙하지 않으니 누가 제 속마음을 알아주겠습니까? 그런 까닭에 제 몸은 다시 산수 간에 방랑할 수밖에 없게 된 것입니다. 이는 모두 사실입니다. 오직 공께서만 제 심정을 묵묵히 헤아려 주시리라 믿습니다.

    저를 잘 모르는 사람들은 집이 가난하고 의욕이 꺾여 품은 뜻을 펴지 못하고 떠돌아다니다 이 지경에 이르렀다고 합니다. 심지어는 가산을 모두 팔고 빈궁한 지경이 되어서 떠돌이 생활을 한다는 말도 있습니다다만, 한 번 크게 웃고 말 일입니다. 이런 말도 모두 제가 「삼각산」 시를 지었다느니, 제 글이 중놈의 글이라느니 하는 등의 뜬소문과 다르지 않습니다. 허튼 명성 때문에 조물주의 시기를 받더니 어쩌다가 이 지경에까지 이르렀는지 모르겠습니다.

상국께서는 저를 비루하게 여기지 않으시고 저의 옛 벗들인 괴애(乖崖)[16]·사가(四佳)[17]·금헌(琴軒)[18]을 대하듯이 저를 극진히 대우해 주셨습니다. 그리하여 제가 짐짓 멋대로 행동하며 뵐수록 더욱 오만방자하였으나 그럴수록 저를 공손히 대해 주시며 벼슬길에 나아가라 권하시기에 이르니, 저를 염려해 주시는 마음이 지극히 깊고 제게 베푸신 은혜가 지극히 두텁습니다.

저 역시 상국의 자제분들과 함께 조용한 곳에서 글을 읽고 싶습니다. 다만 올해에는 이곳에 보리며 조 따위의 곡식을 심은 것이 한 말에서 한 섬에 이르는데, 땅이 본래 기름진 덕분에 이삭이 잘 여물어 가을이면 수십 섬을 거두게 될 것 같았습니다. 이것을 가지고 계시는 곳 근처에 살며 상국의 도움을 받는다면 내년에는 형편이 넉넉해지리라 생각하였습니다. 그러나 지금 제가 사는 곳으로 돌아와 보니 며칠 사이에 산쥐들에게 피해를 입어 남아 있는 이삭이 없습니다. 멍하니 서서 한숨만 쉬고 있을 따름

---

[16] 괴애(乖崖): 김수온(金守溫, 1410~1481)의 호. 조선 세종~성종 때 한성부윤(漢城府尹)·호조판서 등을 지냈다. 세종의 명으로 『치평요람』(治平要覽)·『의방유취』(醫方類聚)를 편찬하고, 세종과 세조를 도와 불경(佛經) 번역·간행 사업에 참여하였다.

[17] 사가(四佳): 서거정(徐居正, 1420~1488)의 호. 세종~성종 때 대제학(大提學), 6조의 판서 등 요직을 두루 지냈다. 『경국대전』(經國大典)·『동국여지승람』(東國輿地勝覽) 편찬에 참여했고, 『사가집』(四佳集)·『동문선』(東文選) 등 다수의 저술을 남겼다.

[18] 금헌(琴軒): 김뉴(金紐, 1420~?)의 호. 세조~성종 때 충청도관찰사·대사헌·이조참판 등을 지냈다. 초서를 잘 썼고, 그림과 거문고에도 뛰어났다.

입니다.

쌀뒤주가 텅 빈 채로 남에게 밥을 얻어먹거나, 관아에서 겨우 입에 풀칠이나 하고자 두려운 마음으로 "예예" 대답하며 먹을 것을 구한다면 선비의 기개와 의지는 땅에 떨어진 것 아니겠습니까. 곁에 있는 사람들이 다시 저를 두고 가난해서 남의 밥이나 빌어먹고 산다고 할 것입니다. 옛사람이 말하기를, "늙을수록 더욱 씩씩해지고, 가난할수록 더욱 굳세어져야 한다"라고 하였으니, 이는 제 경우에 꼭 알맞은 말입니다.

제 처지가 지극히 곤란하지만, 세상에 나가 살 수 없는 이유 다섯 가지가 있습니다.

세상 사람들은 사람의 겉모습만을 볼 뿐 그 마음을 보지 않습니다. 그러나 저는 더러운 옷을 빨고 해진 옷을 기워 입지 않는 사람이니, 이것이 제가 세상에 나갈 수 없는 첫째 이유입니다.

처첩(妻妾)을 얻어 가정을 꾸리려 하면 생계에 얽매여 돈 문제로부터 자유롭지 못할 테니, 이것이 둘째 이유입니다.

또 혼인을 한다 해도 도연명(陶淵明)의 아내 적씨(翟氏)[19]나 양홍(梁鴻)의 아내 맹광(孟光)[20] 같은 어진 부인을 얻을 수 없을 테니, 이것이 셋째 이유입니다.

비록 친구들이 가엾게 여겨 제게 벼슬자리를 하나 주선해 준다고 한들 박봉(薄俸)의 말단 벼슬로는 제 뜻을 펼 수 없을 것이

---

[19] 적씨(翟氏): 육조 시대(六朝時代)의 시인 도연명(陶淵明)의 아내. 가난한 생활 속에서 생계를 도맡으며 남편의 뜻을 극진히 받들었다는 고사가 있다.
[20] 맹광(孟光): 후한(後漢) 때의 가난한 선비 양홍(梁鴻)의 아내. 부잣집 딸이었으나 검소한 생활로 남편을 잘 받들었다.

요. 더욱이 제 성품이 매우 고집스러운 탓에 녹록한 무리들에게 용납될 수 없을 것이니, 이것이 넷째 이유입니다.

제가 깊은 산골에 사는 것은 오직 산수의 밝고 고움을 아껴서요. 농사짓는 일 같은 것을 크게 마음에 두고 있지는 않습니다. 그렇건만 금년 농사에서 큰 손해를 보았다고 해서 제가 살던 곳을 떠나 살 길을 구한다고 하면 사람들은 예전에 그랬듯이 가난에 쫓겨 벼슬하려 한다고 여길 것이니, 이것이 다섯째 이유입니다.

선비가 세상과 서로 모순된 처지라면 물러나 유유자적하며 사는 것이 본분에 맞을 따름입니다. 남의 비웃음과 비방을 받으면서까지 굳이 세상에 머무를 필요가 무엇 있겠습니까?

일전에 보내신 여종은 아마도 돈을 보고 남편을 얻으려는 사람인 듯합니다. 저 같은 사람에게 올 여자가 아님을 알겠거니와, 저 또한 그런 사람과 애써서 상대하고 싶지는 않았습니다. 그러므로 짐짓 흥을 내어 달밤에 경치 구경을 하는 체하며 그 하는 모양을 보고 있었더니 과연 떠나가더군요. 듣자니 이튿날 상공께서 크게 꾸짖으셨다고 하던데, 감사한 마음 한이 없고 황공하기 그지없을 따름입니다.

제가 지금 상국의 사랑을 받는 것은 이른바 천리마가 백락(伯樂)을 만나자 말갈기를 떨치며 길게 울고,[21] 백아(伯牙)가 종

21_ 천리마가 백락(伯樂)을~길게 울고: '백락'은 준마(駿馬)를 잘 알아보았다는 사람이다. 남들의 눈에는 평범하게 보이는 말을 백락이 골라내어 기르자 말갈기를 떨치며 길게 울더니 하루에 천 리를 달려갔다는 고사가 있다.

자기(鍾子期)를 만나자 손을 들어 마음껏 거문고를 탔다는 일22_과 똑같습니다. 실로 마땅히 제 뜻을 다 펼쳐 보여 드려야 할 일이온데, 그렇지만 글 짓는 일을 물으신 데 대해서는 감히 제 마음을 다하여 숨김없이 말씀을 올릴 수 있으나, 산골짜기에서 나와 벼슬길에 나서라는 말씀은 거듭 숙고해 보아도 따르기가 어렵습니다.

아아! 어진 분께서 가련히 여기시어 지극정성으로 돌보아 주시려 하거늘, 하늘은 어찌 저를 돕지 않아 끝내 농사를 망하게 했단 말입니까. 장차 긴 호미를 만들어 복령(茯笭)과 창출(蒼朮)23_이나 캐면서, 일만 그루 나무에 서리가 쌓인 곳에서 자로(子路)의 해진 솜옷을 깁고,24_ 온 산에 눈 쌓인 곳에서 왕공(王恭)의 학창의(鶴氅衣)를 손질하며25_ 살아가려 합니다. 의기가 꺾인 채 세상에 살기보다는 저 좋을 대로 어정거리며 삶을 보내고 천 년 뒤에 내 참마음을 알아줄 사람을 기다리는 것이 낫지 않겠습니까.

상공의 은덕에 감격하여 눈물을 뿌리며 종이를 대하니 어찌 할 바를 모르겠습니다. 우선 이렇게 인사를 올리니 헤아려 주시기 바라옵니다.

8월 26일 황공한 글을 받자옵고 김열경(金悅卿)이 절하고 아룁니다.

22_ 백아(伯牙)가 종자기(鍾子期)를~탔다는 일: '백아'는 춘추 시대 사람으로 거문고의 명인이었고, '종자기'는 음률에 정통하여 백아의 음악을 가장 잘 이해했던 사람이다. 백아는 종자기가 먼저 죽자 자신의 음악을 이해해 줄 사람이 없다고 여겨 거문고 줄을 끊고 다시는 연주하지 않았다고 한다.

23_ 복령(茯笭)과 창출(蒼朮): '복령'은 소나무 뿌리에서 나는 버섯이고, '창출'은 국화과에 속하는 식물인 삽주의 뿌리를 말한다. 모두 약재로 쓰인다.

24_ 자로(子路)의 해진 솜옷을 입고: 공자의 제자 자로처럼 가난 속에서도 굳은 뜻을 지키겠다는 뜻. '자로의 해진 솜옷'이란, 공자가 "해진 솜옷을 입고도 값진 가죽 옷을 입은 사람과 나란히 서서 부끄러워하지 않을 사람은 자로일 것이다"라고 말하며 자로가 외물(外物)에 흔들리지 않는 굳은 뜻을 가지고 있음을 칭찬한 데서 따온 말이다.

25_ 왕공(王恭)의 학창의(鶴氅衣)를 손질하며: 신선처럼 고고하게 살겠다는 뜻. '왕공'은 동진(東晉) 때의 문신. '학창의'는 옷의 가장자리에 검은 헝겊을 넓게 댄 웃옷으로, 처사나 도사가 즐겨 입던 복장. 왕공이 눈 쌓인 날 학창의를 입고 있는 모습이 세상 밖의 신선과 같았다는 고사가 있다.

당시 강원도 양양부사(襄陽府使)를 지내며 김시습에게 물심양면으로 도움을 주던 유자한(柳自漢, ?~1504)에게 보낸 편지이다. 당시 김시습은 오십대 초반의 나이였으니, 이 글은 김시습이 만년에 이르러 지은 회고록인 셈이다. 유년기의 영예, 청년기의 기대와 좌절, 만년의 고민과 갈등이 잘 드러나 있다.

금오신화

金鰲新話

小說

만복사에서 부처님과 내기하다

남원(南原)에 양생(梁生)[1] 이란 사람이 있었다. 어린 나이에 부모를 여의고 아직 미혼인 채 만복사(萬福寺)[2] 동쪽에서 혼자 살았다. 방 밖에는 배나무 한 그루가 있었는데, 바야흐로 봄을 맞아 배꽃이 흐드러지게 핀 것이 마치 옥나무에 은이 매달린 듯하였다. 양생은 달이 뜬 밤이면 배나무 아래를 서성이며 낭랑한 소리로 이런 시를 읊조렸다.

쓸쓸히 한 그루 나무의 배꽃을 짝해
달 밝은 이 밤 그냥 보내다니 가련도 하지.
청춘에 홀로 외로이 창가에 누웠는데
어디서 들려오나 고운 님 피리 소리.

외로운 비취새 짝 없이 날고
짝 잃은 원앙새 맑은 강에 몸을 씻네.
내 인연 어딨을까 바둑알로 맞춰 보고[3]
등불로 점을 치다[4] 시름겨워 창에 기대네.

---

[1] 양생(梁生): 양씨 성을 가진 선비.
[2] 만복사(萬福寺): 고려 문종(文宗) 때 창건된 절로, 전라도 남원 기린산(麒麟山)에 있었다. 정유재란(丁酉再亂) 때 불에 타 사라졌다.
[3] 내 인연~맞춰 보고: 옛날에 바둑알로 점을 치는 법이 있었다.
[4] 등불로 점을 치다: 옛날 사람들은 등불의 모양을 가지고 길흉을 점쳤다.

시를 다 읊고 나자 문득 공중에서 말소리가 들렸다.

"네가 좋은 배필을 얻고 싶구나. 그렇다면 근심할 것 없느니라."

양생은 이 말을 듣고 내심 기뻐하였다.

이튿날은 3월 24일이었다. 이 날 만복사에서 연등회(燃燈會)를 열어 복을 비는 것이 이 고을의 풍속이었다. 남녀가 운집하여 저마다 소원을 빌더니, 날이 저물자 염불 소리가 그치며 사람들이 모두 돌아갔다. 그러자 양생은 소매에서 저포(樗蒲)[5]를 꺼내 불상 앞에 던지며 이렇게 말했다.

"제가 오늘 부처님과 저포 놀이로 내기를 해 보렵니다. 제가 진다면 법회(法會)를 베풀어 부처님께 공양을 올리겠지만, 만약에 부처님이 진다면 미녀를 점지해 주시어 제 소원을 이루도록 해 주셔야 합니다."

이렇게 기도를 하고는 저포 놀이를 시작하였다. 결과는 양생의 승리였다. 그러자 양생은 불상 앞에 꿇어앉아 이렇게 말했다.

"승부가 이미 결정되었으니, 절대로 약속을 어기시면 안 됩니다."

그러고는 불상 앞에 놓인 탁자 밑에 숨어 부처님이 어떻게 약속을 지켜 줄지 기다려 보았다.

이윽고 아리따운 여인 한 사람이 들어왔다. 나이는 열다섯이나 열여섯쯤 되어 보였다. 머리를 곱게 땋아 내렸고 화장을 엷게

---

[5] 저포(樗蒲): 윷놀이와 비슷한 놀이의 하나. 나무로 만든 주사위를 던져 그 사위로 승부를 다툰다.

했는데, 용모와 자태가 곱디고운 것이 마치 하늘의 선녀나 바다의 여신과도 같아 바라보고 있자니 위엄이 느껴졌다. 여인은 기름이 든 병을 들고 들어와 등잔에 기름을 부어 넣고 향로에 향을 꽂은 뒤 부처님 앞에 세 번 절하고 꿇어앉더니 한숨을 쉬며 이렇게 말했다.

"운명이 어쩌면 이리도 기박할까!"

그러더니 품속에서 뭔가 글이 적힌 종이를 꺼내어 탁자 앞에 바쳤다. 그 내용은 다음과 같았다.

아무 고을 아무 땅에 사는 아무개가 아뢰옵니다.

지난날 변방의 방어에 실패한 탓에 왜구(倭寇)가 침략하였습니다. 창과 칼이 난무하고 위급을 알리는 봉화가 몇 해나 이어지더니 가옥이 불타고 인민들이 노략질 당하였습니다. 이리저리로 달아나 숨는 사이에 친척이며 하인들은 모두 흩어져 버렸습니다. 저는 연약한 여자인지라 멀리 달아나지 못하고 규방에 들어앉아 있었으되, 정절을 지키며 도리에 어긋나는 일은 하지 않은 채 무도한 재앙을 피할 수 있었습니다.

부모님은 여자가 절개 지키는 일을 옳게 여기셔서 외진 땅 외진 곳의 풀밭에 임시 거처할 곳을 마련해 주시어, 제가 그곳에 머문 지도 이미 3년이 되었습니다. 가을 하늘에 뜬 달을 보고

봄에 핀 꽃을 보며 헛되이 세월 보냄을 가슴 아파하고, 떠가는 구름처럼 흐르는 시냇물처럼 무료한 하루하루를 보낼 따름입니다. 텅 빈 골짜기 깊숙한 곳에서 기구한 제 운명에 한숨짓고, 좋은 밤을 홀로 지새우며 오색찬란한 난새 혼자서 추는 춤에 마음 아파합니다. 날이 가고 달이 갈수록 제 넋은 녹아 없어지고, 여름밤 겨울밤마다 애간장이 찢어집니다. 바라옵나니 부처님이시여, 제 처지를 가엾게 여겨 주소서. 제 앞날이 이미 정해져 있다면 어쩔 수 없겠으나, 기구한 운명일망정 인연이 있다면 하루빨리 기쁨을 얻게 하시어 제 간절한 기도를 저버리지 말아 주소서.

여인은 소원이 담긴 종이를 던지고 목메어 슬피 울었다. 양생이 좁은 틈 사이로 여인의 자태를 보고는 정을 억누르지 못하고 뛰쳐나가 이렇게 말했다.

"좀 전에 부처님께 글을 바친 건 무슨 일 때문입니까?"

양생이 종이에 쓴 글을 읽고는 얼굴에 기쁨이 가득한 채 이렇게 말했다.

"그대는 어떤 사람이기에 혼자서 이곳에 오셨소?"

여인이 대답했다.

"저 또한 사람입니다. 무슨 의심하실 것이 있는지요? 그대가 좋은 배필을 얻을 수 있다면 그뿐, 제 이름을 물으실 것까지야 있을까요. 이처럼 성급하시다니요."

당시 만복사는 쇠락한 상태여서 이곳의 승려들은 한쪽 모퉁이 방에 거주하고 있었다. 대웅전(大雄殿) 앞에는 행랑만이 쓸쓸히 남아 있었고, 행랑 맨 끝에 나무판자를 붙여 만든 좁은 방이 하나 있었다. 양생이 여인을 부추겨 함께 그 방으로 들어가자고 하자 여인도 그다지 어려운 기색이 아니었다. 정답게 이야기를 나누어 보니 영락없는 사람의 모습이었다.

한밤중이 되자 동산에 달이 떠오르며 창으로 그림자가 들이치는데 홀연 발소리가 들렸다. 여인이 말했다.

"누구냐? 몸종 아이가 왔느냐?"

시중드는 여종이 말했다.

"예, 아씨. 지금껏 아씨께서는 중문(中門) 밖을 나선 적이 없으셨고 걸어야 몇 걸음을 가지 않으셨는데, 어젯밤 문득 나가시더니 어쩌다가 이 지경에 이르셨어요?"

여인이 말했다.

"오늘 일은 우연이 아니란다. 하늘이 돕고 부처님이 도우셔서 이처럼 좋은 임을 만나 백년해로를 하게 되었구나. 부모님께 말씀드리지 않고 혼인하는 건 비록 예에 어긋나는 일이지만, 훌륭한 분과 잔치를 벌여 노니는 것 또한 평생토록 일어나기 어려운 기이한 일이 아니겠니. 집에 가서 자리를 가져오고, 술상을 봐 오너라."

시중드는 여종이 여인의 명에 따라 갔다 와서는 뜰에 자리를 깔았다. 4경(새벽 1시부터 3시 사이) 가까운 시각이었다. 펴 놓은 술상은 수수하니 아무런 무늬 장식도 없었으나, 술에서 나는 향기는 진정 인간 세계의 것이 아닌 듯하였다. 양생은 비록 의심스러운 마음이 없지 않았지만 담소하는 맑고 고운 모습이며 여유로운 태도를 보고, '필시 귀한 댁 처자가 담장을 넘어 나온 것이리라' 생각하며 더 이상 의심하지 않게 되었다.

여인이 양생에게 술잔을 건네더니 시중드는 여종더러 노래를 한 곡 불러 보라 하고는 양생에게 이렇게 말했다.

"이 아이가 옛날 곡조를 잘 부른답니다. 제가 노랫말을 하나 지어 부르게 해도 괜찮을까요?"

양생이 흔쾌히 허락하자 여인은 「만강홍」(滿江紅)[6] 한 곡을 지어 여종에게 노래하게 하였다. 그 노래는 다음과 같다.

서러워라 쌀쌀한 봄날
얇은 비단옷 입고 몇 번이나 애간장 끊어졌나.
향로(香爐)는 차갑고 저문 산은 검푸른 빛
해 질 녘 구름은 우산을 펼친 듯.

---

[6] 만강홍(滿江紅): 송나라 이래로 유행했던 '사'(詞)의 악곡 이름 중 하나.

비단 장막과 원앙 이불 함께할 사람 없어

비녀를 반쯤 기울인 채 피리를 부네.

애달파라 쏜살같은 세월이여

내 맘속엔 원망만 가득.

불 꺼진 등잔

야트막한 은 병풍.

공연히 눈물 훔치나니

사랑할 사람 누구런가.

기뻐라 오늘 밤 봄기운 돌아

따뜻함이 찾아왔으니

내 무덤에 맺힌 천고의 원한 풀어 주오

「금루곡」(金縷曲: 사詞의 하나)부르며 은 술잔 기울이네.

지난날 아쉬워 한을 품은 여인이

외로운 집에 잠들었다네.

노래가 끝나자 여인이 슬픈 얼굴로 말했다.

"옛날 봉래도(蓬萊島: 신선이 산다는 봉래산蓬萊山)에서 이루지 못한 만남을 오늘 소상강(瀟湘江)7에서 이루게 되었으니, 천행(天幸)이 아니겠습니까? 낭군께서 저를 버리지 않으신다면

7_ 소상강(瀟湘江): 소수(瀟水)와 상수(湘水)를 함께 이르는 말로, 모두 중국 호남성(湖南省)에 있는 강 이름. 여기서는 양(梁)나라 유운(柳惲)의 시 「강남곡(江南曲) 중 "동정호(洞庭湖)에서 귀향하던 나그네 / 소상강에서 벗을 만났네"라는 구절에서 착안하여 '님과의 만남'을 의미하는 말로 썼다.

죽도록 곁에서 모시겠어요. 하지만 제 소원을 들어주지 못하시겠다면 영영 이별입니다."

양생은 이 말을 듣고 감동하는 한편 놀라워하며 말했다.

"내 어찌 당신 말을 따르지 않겠소?"

그러나 여인의 태도가 범상치 않아 보이는 까닭에 양생은 여인의 행동을 자세히 살폈다.

이때 달이 서산에 걸리며 인적 드문 마을에 닭 울음소리가 들렸다. 절에서 종소리가 울리기 시작하며 새벽빛이 밝아 왔다. 여인이 이렇게 말했다.

"애야, 자리를 거둬 돌아가려무나."

여종이 "예" 하고 대답하자마자 자취 없이 사라졌다. 여인이 말했다.

"인연이 이미 정해졌으니 제 손을 잡고 함께 가시지요."

양생이 여인의 손을 잡고 마을을 지나갔다. 울타리에서 개들이 짖어 댔고, 길에는 사람들이 다니고 있었다. 그런데 지나가던 이들은 양생이 여인과 함께 가는 것을 알지 못한 채 다만 이렇게 묻는 것이었다.

"이렇게 일찍 어딜 가시나?"

양생은 이렇게 대답했다.

"술에 취해 만복사에 누워 있다가 친구 집에 가는 길입니다."

아침이 되었다. 여인이 이끄는 대로 풀숲에까지 따라와 보니, 이슬이 흥건한 것이 사람들 다니는 길이 아니었다. 양생이 물었다.

"어찌 이런 곳에 사시오?"

여인은 "혼자 사는 여자가 사는 곳이 본래 이렇답니다"라며, 또 이렇게 우스갯소리를 건넸다.

이슬 젖은 길
아침저녁으로 다니고 싶건만
옷자락 적실까 나설 수 없네.[8]

양생 역시 농담조로 다음과 같이 읊조리며 놀려 대는 듯한 웃음을 지어 보였다

여우가 짝을 찾아 어슬렁어슬렁 걸어가니
저 기수(淇水)의 돌다리에 짝이 있도다.[9]
노(魯)나라 길 평탄하여
문강(文姜)이 날 듯이 달려가네.[10]

두 사람은 마침내 개녕동(開寧洞)[11]에 도착했다. 쑥이 들판

---

[8] 이슬 젖은~나설 수 없네: 『시경(詩經)』 국풍(國風) 소남(召南) 「행로(行露)」를 인용한 것이다. 여성이 연모의 마음을 품고 있되 함부로 행동하지 않는다는 내용의 노래이다.
[9] 여우가 짝을~짝이 있도다: 『시경』 위풍(衛風) 「유호」(有狐)를 인용한 것이다. 과부가 홀아비에게 시집가고 싶어하는 마음, 혹은 혼기 지난 남녀가 짝을 찾는 마음을 노래한 시이다.
[10] 노(魯)나라 길 평탄하여~날 듯이 달려가네: 『시경』 제풍(齊風) 「제구」(載驅)를 인용한 것이다. 노환공(魯桓公)의 아내 문강(文姜)이 친남매간인 제양공(齊襄公)과 사통(私通)하던 일을 노래한 시로, 바람난 여인이 정부(情夫)를 만나러 달려가는 정황을 보여 준다.
[11] 개녕동(開寧洞): 남원부(南原府) 동북쪽에 있던 '거녕현'(居寧縣)을 가리키는 듯하다.

을 뒤덮었고, 가시나무가 하늘에 닿을 듯 높이 솟아 있었다. 그 속에 집 한 채가 있는데, 크기는 작지만 매우 화려했다.

여인이 양생을 이끌어 함께 집 안으로 들어갔다. 어젯밤 펼쳤던 것과 같은 자리와 장막이 깔끔하게 정돈되어 있었다.

양생은 이곳에서 사흘을 머물렀는데, 그 즐거움은 여느 사람이 누리는 것과 다르지 않았다. 시중드는 여종은 아름답되 영악하지 않았고, 여러 기물(器物)은 깨끗하되 화려한 무늬 장식이 없었다. 인간 세계가 아니리라는 생각이 들다가도 여인의 정답고 정성스러운 모습에 더 이상 의심을 갖지 않게 되었다.

이윽고 여인이 양생에게 말했다.

"여기서의 사흘이 인간 세상으로 치면 적어도 3년은 될 겁니다. 그러니 이제 댁으로 돌아가 생업을 돌보셔야겠어요."

그렇게 말하더니 송별연을 마련하는 것이었다.

양생이 어리둥절하여 이렇게 말했다.

"어찌 이리도 빨리 헤어져야 한단 말이오?"

여인이 말했다.

"다시 만나 평생의 소원을 다 이루게 될 겁니다. 오늘 누추한 제 집에 오신 건 분명 과거의 어떤 인연이 있었기 때문일 텐데, 제 이웃에 사는 친척들을 한번 만나 보셔야 하지 않을까요?"

양생이 좋다고 하자, 여인은 즉시 여종을 시켜 사방 이웃에 모임을 알리게 했다.

　이웃에 사는 정씨(鄭氏)·오씨(吳氏)·김씨(金氏)·유씨(柳氏)는 모두 명문 대갓집 사람으로, 여인과 같은 마을에 사는 친척 규수들이었다. 모두들 성품이 온화하고 자태가 빼어나게 아름다우며, 총명하여 시를 지을 줄 알았다. 이들 네 사람이 양생을 송별하면서 칠언 절구(七言絕句)12_를 네 편씩 지어 선사하겠다고 했다.

　정씨는 운치 있는 자태를 가졌고, 풍성한 쪽 찐 머리가 귀밑머리를 가리고 있었다. 정씨는 한숨을 쉬더니 이렇게 읊조렸다.

봄밤에 꽃과 달이 다 어여쁜데
봄날의 긴긴 시름 몇 해였던가?
한스러워라 저 비익조(比翼鳥)13_처럼
하늘에 나란히 올라 춤출 수 없으니.

무덤 속 등불 꺼졌으니 이 밤 얼마나 지났는지
북두성 기울려 하고 달도 반쯤 기울었네.
서글퍼라 깊은 내 집 찾는 이 없어
푸른 옷과 머리칼 헝클어졌네.

12_ 칠언 절구(七言絕句): 일곱 자씩 네 구(句)로 이루어진 한시 형식.
13_ 비익조(比翼鳥): 암수가 각각 날개가 하나씩밖에 없어 함께 날아야 비로소 날 수 있다고 하는, 상상의 새. 부부 사이의 좋은 금슬을 상징한다.

고운 임과 맺은 언약 어그러졌고
봄바람 저버리고 좋은 때는 지나갔네.
베갯잇에 눈물 자국 둥근 점이 몇 개런가
뜰 가득 내리는 비가 배꽃을 때리누나.

긴 봄날 하릴없는 맘
쓸쓸한 빈산에서 몇 밤을 지새웠나?
남교(藍橋) 지나는 길손 보이지 않으니
배항(裵航)과 운교(雲翹)가 언제나 만날는지.14_

오씨는 댕기머리를 곱게 딴, 연약한 여인이었다. 정이 솟아오르는 것을 참지 못하는 몸짓을 하더니, 정씨에 이어 다음의 시를 읊었다.

절에서 향 사르고 돌아가는 길
부처님께 소원 빌더니 누구와 맺어졌나?
꽃피는 봄날 달 뜨는 가을밤 가없는 한을
술동이의 한 잔 술로 녹였으면 하네.

촉촉한 새벽이슬 복사꽃 뺨 적시는데

14_ 남교(藍橋) 지나는~언제나 만날는지: '남교'는 중국 섬서성(陝西省) 남전현(藍田縣) 동남쪽의 남계(藍溪)에 놓인 다리이다. '배항'은 당나라 때의 인물로, 다음의 고사가 전한다. 배항이 아직 과거에 오르지 못했을 때 운교(雲翹)라는 부인을 만나 남교에 가면 좋은 배필을 만날 수 있다는 말을 들었다. 배항은 운교의 말에 따라 남교로 가서 결국 운영(雲英)이라는 미인을 만날 수 있었다.

깊은 골짝에 봄 깊어도 나비는 오지 않네.
이웃집에 인연 맺었단 소식이 기뻐
새 곡조를 부르며 금 술잔을 주고받네.

해마다 제비는 봄바람에 춤추건만
애타는 춘심(春心) 부질없어라.
부러워라 부용꽃 연꽃 함께 피어
깊은 밤 한 연못에 몸 씻는 모습.

한 층 누각 푸른 산에 있는데
연리지(連理枝)15_에 맺힌 꽃 붉기도 하네.
사람살이는 어찌 저 나무만 못하여
기박한 운명에 눈물만 맺히는지.

김씨는 옷매무새를 바로 하고 의연한 태도로 붓을 적시더니 여인들이 앞서 지은 시에 음탕한 마음이 들어 있음을 꾸짖고 이렇게 말했다.

"오늘 일은 많은 말이 필요 없습니다. 다만 풍경을 노래하면 됐지, 왜 속마음을 토로하여 절개를 잃고 인간 세상에 천한 마음을 알린단 말입니까?"

15_ 연리지(連理枝): 전국 시대(戰國時代) 한풍(韓馮) 부부의 무덤에 났다는 두 그루의 가래나무로, 뿌리는 서로 닿아 있고 가지는 서로 연이어 있었다고 한다. 흔히 금슬이 좋은 부부를 일컫는 말로 쓴다.

그러고는 낭랑한 목소리로 다음의 시를 읊었다.

새벽 부는 바람에 두견새 우니
희미한 은하수는 어느덧 동쪽으로.
옥피리 더는 불지 마오
내 마음 세상 사람과 통할까 두렵네.

금 술잔에 좋은 술 가득 부어
취토록 마시리니 많다고 사양 마오.
내일 아침 봄바람에 흙먼지 자욱하리니
한 자락 봄빛은 정녕 꿈일런가?

초록빛 비단 소매 살포시 드리우고
풍악 소리 들으며 일백 잔 술을 마시네.
맑은 홍취 다하지 않아 돌아가지 못하고
또 한 곡 새 노래를 지어 본다네.

티끌 속에 머리칼 더럽히기 몇 해던가
오늘에야 임 만나 웃음 한 번 지어 보네.
고당(高唐)[16]에서 여신 만난 일 말하지 마오

---

[16] 고당(高唐): 초(楚)나라의 운몽택(雲夢澤)이라는 연못에 있던 누대 이름. 초나라 회왕(懷王)이 여기서 꿈에 무산(巫山)의 여신(女神)과 만나 사랑을 나누었다는 고사가 있다.

풍류 이야기가 인간 세계에 새 나가선 안 되니.

유씨는 엷은 화장에 소복을 입었는데, 그리 화려하지는 않았지만 법도가 있어 보였다. 묵묵히 말하지 않고 있다가 미소 지으며 다음의 시를 지었다.

정절 지키며 지내 온 몇 해
고운 넋 어여쁜 몸 황천에 머물렀네.
봄밤 언제나 항아(姮娥)[17]와 함께하며
계수나무 꽃 곁에서 홀로 자기 좋아했지.

우습구나 봄바람의 복사꽃 오얏꽃들
만 점 꽃잎 나부끼다 인가에 떨어지네.
평생토록 파리조차 더럽히지 못했건만
어쩌다 곤륜산(崑崙山)[18] 귀한 옥에 흠이 생겼나.

얼굴 단장 안 하고 머리는 봉두난발
티끌에 묻힌 경대엔 녹이 슬었네.
오늘 아침 이웃에 잔치 열렸다기에
머리에 꽃 장식하고 맵시를 내 보았네.

---

[17] 항아(姮娥): 달나라에 산다는 선녀. 본래 요(堯)임금 때 활 잘 쏘기로 이름난 예(羿)의 아내로, 남편이 서왕모(西王母)에게 얻어 온 불사약(不死藥)을 훔쳐 달나라로 갔다는 고사가 있다.

[18] 곤륜산(崑崙山): 중국 서쪽에 신선이 산다고 하는 전설상의 산 이름. 좋은 옥이 많다고 한다.

낭자가 맞이한, 얼굴 하얀 저 낭군은
하늘이 정해 주신 아름다운 인연.
월하노인(月下老人)[19] 이 붉은 실 묶어 주었으니
양홍(梁鴻)과 맹광(孟光)[20] 처럼 공경하며 살길.

여인이 유씨의 시 중 마지막 구절에 감동하여 자리에서 일어나더니 이렇게 말했다.
"나 또한 조금은 문자를 아니, 묵묵히 가만있을 수 없군요."
그러고는 칠언 율시(七言律詩)[21] 한 편을 지어 읊었다.

개녕동에서 봄날의 시름 안고
꽃이 피고 질 적마다 일백 가지 근심 이네.
무산(巫山)[22] 구름 속에 임 모습 안 보이니
상강(湘江)[23] 대나무 아래 눈에 가득 고인 눈물.
맑은 강 따뜻한 햇살에 원앙새 짝을 짓고
구름 갠 하늘에는 비취새 노니누나.
우리가 맺은 이 좋은 동심결(同心結)[24] 에는
가을날 비단 부채[25] 의 원망 일어나지 않기를.

양생 역시 글을 잘 짓는 사람이었으므로, 여인의 시 짓는 법

19_ 월하노인(月下老人): 붉은 실을 가지고 다니며 사람들에게 부부의 인연을 맺어 준다는 신(神).
20_ 양홍(梁鴻)과 맹광(孟光): '양홍'은 후한(後漢) 때의 은사(隱士)이고, '맹광'은 그 아내이다. 서로 공경하며 화목한 가정을 이루어, 어진 부부로 유명하다.
21_ 칠언 율시(七言律詩): 일곱 자씩 여덟 구(句)로 이루어진 한시 형식.
22_ 무산(巫山): 중국 호북성(湖北省) 서부에 있는 산. 초나라 회왕(懷王)이 꿈속에서 무산의 여신과 사랑을 나누었다는 고사가 있다.
23_ 상강(湘江): 순(舜)임금이 죽자 그 두 아내인 아황(娥皇)과 여영(女英)이 이곳에서 울다

이 맑고 고상하며, 소리가 맑고 또랑또랑한 데 감탄을 금치 못하였다. 그리하여 즉시 자리 앞으로 나오더니 붓을 휘둘러 옛날풍으로 지은 장단편(長短篇)26_ 한 편을 써서 화답하였다.

오늘밤은 어떤 밤인지

그대 같은 선녀를 만나다니.

꽃다운 얼굴 어여쁘기도 하지

붉은 입술은 앵두를 닮았네.

시는 어찌 그리 묘한가

이안(易安)27_도 입을 다물어야겠네.

직녀(織女)가 베를 짜다 하늘에서 내려왔나

항아(姮娥)가 절구 찧다 달에서 내려왔나.

어여쁜 단장은 옥으로 만든 자리 비추고

오가는 술잔에 맑은 잔치 즐거워라.

운우(雲雨)28_에는 아직 익숙지 않지만

술 마시고 노래하니 기쁘기 그지없네.

어쩌다 봉래도(蓬萊島)에 들어와

신선 세계의 풍류를 마주하게 되었나.

술통에는 좋은 술이 가득하고

화로는 향기로운 연기를 뿜네.

투신해 죽었다는 고사가 있다.
24_ 동심결(同心結): 부부 사이에 서로 마음이 변하지 않기를 맹세하기 위해 짓는 실매듭.
25_ 가을날 비단 부채: 부채가 여름에만 소용되고 가을에는 소용되지 않는 데서, 실연당한 여인이 자신을 비유하는 말로 사용된다.
26_ 장단편(長短篇): 긴 구절과 짧은 구절이 뒤섞인 한시.
27_ 이안(易安): 송(宋)나라 때의 유명한 여성 시인 이청조(李淸照)의 호.
28_ 운우(雲雨): 운우지정(雲雨之情). 남녀간에 육체적으로 관계하는 정.

백옥 상 앞엔 향가루 흩날리고

부엌의 장막은 산들바람에 한들거리네.

선녀와 내가 만나 합근주(合졸酒)를 마시니

오색구름 뭉게뭉게 이네.

그대는 보지 못했는가

문소(文蕭)와 채란(彩鸞)29_의 만남이며

장석(張碩)과 난향(蘭香)30_의 만남을.

사람의 만남에는 정해진 인연이 있나니

술잔을 들어 우리 함께 마셔 보세.

낭자여 경솔한 말 마오

내가 가을이라 부채를 버리겠소?

영원히 우리 하나 되어

꽃 앞에서 달 아래서 헤어지지 맙시다.

술자리가 끝나고 서로 헤어질 때가 되었다. 여인이 양생에게 은그릇 하나를 내주며 이렇게 말했다.

"내일 저희 부모님이 보련사(寶蓮寺)31_에서 제게 밥을 주실 겁니다. 길가에서 기다리고 계시다 함께 절에 가서 부모님께 인사를 드렸으면 하는데, 괜찮으시겠어요?"

양생이 "그럽시다"라고 대답했다.

29_ 문소(文蕭)와 채란(彩鸞): '문소'는 진(晉)나라 때의 선비이고, '채란'은 선녀 오채란(吳彩鸞)을 말한다. 두 사람이 만나 부부가 되었다는 고사가 전한다.

30_ 장석(張碩)과 난향(蘭香): '장석'은 한(漢)나라 때의 신선이고, '난향'은 선녀 두난향(杜蘭香)을 말한다. 두 사람이 만나 부부가 되었다는 고사가 전한다.

31_ 보련사(寶蓮寺): 남원부(南原府) 서쪽의 보련산에 있던 절인 듯하다.

이튿날 양생은 여인의 말대로 은그릇을 들고 길가에서 기다리고 있었다. 잠시 후, 과연 명문가 여인의 대상(大祥)32을 위한 행차가 보였다. 이들 일행의 수레와 말이 길을 가득 메운 채 보련사로 올라가다가 길가에 선비 하나가 그릇을 들고 서 있는 것을 보고는, 하인 하나가 이렇게 말했다.

"아씨와 함께 묻은 물건을 누가 훔쳐 가지고 있습니다."

주인이 말했다.

"뭐라고?"

하인이 말했다.

"이 선비가 아씨의 그릇을 가지고 있습니다."

주인이 말을 멈추고 사정을 묻자, 양생은 앞서 여인과 약속했던 일을 그대로 말했다. 여인의 부모가 놀라 한참을 어리둥절해 하더니 이렇게 말했다.

"우리 외동딸이 노략질하던 왜구의 손에 죽어서 장례를 치르지 못하고 임시로 개녕사(開寧寺) 골짜기에 묻힌 채 지금껏 장사를 지내지 못한 처지였습니다. 오늘이 벌써 세상을 뜬 지 두 돌이 되는 날이라 절에서 재(齋)를 베풀어 저승 가는 길을 배웅하려는 참입니다. 딸아이와 약속했던 대로 여기서 기다렸다가 함께 절로 와 주셨으면 합니다. 놀라지 말아 주시고요."

그렇게 말하고는 먼저 절로 갔다.

32_ 대상(大祥): 삼년상을 마치고 탈상(脫喪)하는 제사.

양생은 우두커니 서서 여인을 기다렸다. 약속 시간이 되자 여자 한 사람이 여종과 함께 사뿐히 걸어오고 있었다. 과연 기다리던 그 여인이었다. 양생과 여인은 기쁘게 손을 잡고 절로 향했다.

여인은 절에 들어가 부처님께 절하고 하얀 장막 안으로 들어갔다. 여인의 친척들과 절의 승려들은 모두 여인의 존재를 믿지 않았다. 오직 양생의 눈에만 여인이 보였기 때문이다. 여인이 양생에게 말했다.

"음식을 함께 드시지요."

양생이 여인의 부모에게 그 말을 전하자, 부모는 시험해 볼 생각으로 그렇게 해 보라고 했다. 수저 소리만 들릴 따름이었지만, 그 소리는 사람들이 밥 먹을 때와 똑같았다. 부모는 이에 놀라서 마침내 양생더러 장막 곁에서 함께 자라고 권유했다.

한밤중에 말소리가 낭랑하게 들렸는데, 다른 사람들이 자세히 엿들어 보려 하면 그때마다 말소리가 뚝 그쳤다. 여인의 말은 다음과 같았다.

"제가 규범을 어겼다는 건 저 역시 잘 압니다. 어려서 『시경』(詩經)과 『서경』(書經)을 읽어 예의범절을 조금은 알고 있사오니, 「건상」(褰裳)33과 「상서」(相鼠)34의 내용이 부끄러워할 만한 줄 모르지 않습니다. 하오나 오랜 세월 쑥대밭 너른 들판에 버려진 채 살다 보니 마음속에 있던 정이 한번 일어나자 끝내 다

33_ 「건상」(褰裳): 『시경』 정풍(鄭風)의 시. 자유분방한 여인의 마음을 읊은 노래.
34_ 「상서」(相鼠): 『시경』 용풍(鄘風)의 시. 예의를 모르는 사람을 풍자한 노래.

잡을 수 없었습니다.

　며칠 전 절에서 소원을 빌고 불전(佛殿)에 향을 사르며 제 기구한 일생을 한탄하던 중에 문득 삼세(三世)[35]의 인연을 이루게 되었지요. 낭군의 아내가 되어 나무 비녀를 꽂고 백 년 동안 시부모님을 모시며, 음식 시중에 옷 시중으로 평생 아내의 도리를 다하고 싶었습니다. 하지만 한스럽게도 정해진 운명은 피할 수 없고, 이승과 저승의 경계는 넘을 수 없군요. 기쁨이 아직 다하지 않았는데 슬픈 이별이 눈앞에 이르렀어요. 이제 나와 놀던 미인은 병풍의 그림 속으로 들어가고,[36] 아향(阿香)은 수레를 밀며,[37] 양대(陽臺)에는 구름과 비가 걷히고,[38] 은하수 건네주던 까마귀와 까치[39]도 흩어질 시간입니다.

　지금 이별하고 나면 다시 만나긴 어렵겠지요. 이별할 때가 되니 너무도 서글퍼 무슨 말을 해야 할지 모르겠어요."

　이윽고 여인의 영혼을 떠나보내는데 여인의 울음소리가 끊이지 않았다. 잠시 후 문밖에 이르러 들릴 듯 말 듯한 여인의 목소리가 은은하게 울렸다.

　　이승의 나날 정해져 있어
　　애처로이 이별하네.
　　바라건대 우리 고운 임

35_ 삼세(三世): 전세(前世)·현세(現世)·내세(來世).
36_ 나와 놀던 미인은~그림 속으로 들어가고: 당(唐)나라 때 어떤 선비가 술에 취해 누웠다가 깨어 보니 병풍 그림 속의 여인들이 평상(平床)에 내려와 장단을 맞추며 노래를 부르고 있으므로 놀라 꾸짖었더니 여인들이 도로 병풍 속으로 들어갔다는 고사가 전한다.
37_ 아향(阿香)은 수레를 밀며: 뇌신(雷神: 우레의 신)인 아향이 뇌거(雷車: 우레 수레)를 밀면 우레가 치고 비가 내린다는 고사가 있다.
38_ 양대(陽臺)에는 구름과 비가 걷히고: '양대'는 중국 중경시(重慶市) 무산현(巫山縣) 고도산(高都山)에 있던 누대 이름이다. 무산(巫山)의 여신이 여기서 아침에는 구름이 되고

영영 헤어지지 말았으면.

슬퍼라 나의 부모님

딸자식 시집보내지 못하셨네.

아득한 황천길

마음에 한이 맺히네.

    소리가 점점 잦아들더니 울음소리와 구별되지 않았다. 여인의 부모는 양생의 말이 모두 사실임을 알고 더 이상 의심하지 않게 되었다. 양생 역시 여인이 귀신임을 깨닫고 마음이 더욱 아파 여인의 부모와 머리를 맞대고 울었다.

    여인의 부모가 양생에게 말했다.

    "은그릇은 자네 좋을 대로 하게. 딸아이 소유로 밭 몇 마지기와 노비 몇 명이 있는데, 자네가 소유하여 신표(信標)로 삼고 우리 아이를 잊지 말도록 해 주게."

    이튿날, 양생은 소를 잡고 술을 마련하여 여인과 함께 지내던 곳을 찾아갔다. 과연 임시로 만든 무덤 하나가 있었다. 양생은 제사상을 차리고 애통해 하며 지전(紙錢)40_을 태웠다. 마침내 여인의 장례를 치르고 제문(祭文)을 지어 여인의 혼령을 위로하였다. 제문의 내용은 다음과 같다.

저녁에는 비가 되었다는 고사가 있다.

39_ 은하수 건네주던 까마귀와 까치: 견우와 직녀의 만남을 위해 은하수에 오작교를 놓았던 까마귀와 까치.

40_ 지전(紙錢): 종이로 만든 가짜 돈. 불교에서 저승에 가서 쓰게 한다고 관(棺)에 넣거나 명복을 비는 재(齋)를 지내며 태웠다.

그대의 영혼은 태어날 때부터 따뜻하고 고왔으며, 자라서는 맑고도 순박하였소. 그대의 모습은 서시(西施)[41]_와 같았고, 글 짓는 재주는 주숙진(朱淑眞)[42]_보다 뛰어났소.

규방을 나서지 않고 부모님의 훌륭한 가르침을 따르며 살다가, 난리를 만나서도 온전했던 몸이 왜구를 만나 스러지고 말아, 쑥대밭에 홀로 던져져 꽃과 달 보며 마음 상하였소. 봄바람 불면 애간장 끊어지며 두견새의 피눈물 슬퍼했고, 가을 서리에 가슴이 쪼개지며 가을날 버림받은 부채를 가여워했소. 그러던 어느 날 하룻밤 만남으로 우리 두 사람 마음의 실마리가 얽히게 되었소. 저승과 이승의 경계를 알면서도 물고기가 물을 만난 듯이 함께 즐기기를 다하였소. 장차 백년해로하자 했건만 하루아침에 슬픔과 고통이 닥칠 줄 어찌 알았겠소? 내가 만났던 이는 달나라 항아였소, 무산의 여신이었소? 땅은 어둑어둑하여 돌아갈 수 없고 하늘은 아득하여 바라볼 수 없소. 집에 들어와서는 말없이 황홀할 뿐이요, 밖에 나가서는 멍하니 갈 곳을 모르오. 그대 영혼 앞에 서니 흐르는 눈물 감출 수 없고, 술 한 잔 따르자니 마음이 더욱 아프오. 그대 그윽한 모습이 눈에 선하고, 그대 낭랑한 목소리 귓전에 울리오.

아아, 애달파라! 그대의 본성은 총명했고, 그대의 기질은 빼어났소. 삼혼(三魂)[43]_이 흩어진들 그대의 혼령이 어찌 사그라지

41_ 서시(西施): 춘추 시대(春秋時代) 월(越)나라의 미인 이름.
42_ 주숙진(朱淑眞): 송나라의 여성 시인.
43_ 삼혼(三魂): 도가(道家)에서 말하는, 인간에게 있다는 세 개의 혼. 즉, 태광(台光), 상령(爽靈), 유정(幽精).

겠소? 마땅히 강림하여 뜰에 오르고, 혹 그대의 기운이 곁에 있기를. 산 자와 죽은 자의 길이 다르다 하나, 추모하는 이 마음 그대에게 닿기를.

그 뒤 양생은 슬픔이 극에 달해 논밭을 모두 팔아 여인을 위한 재(齋)를 거듭 베풀었다.

어느 날 밤이었다. 하늘에서 여인의 목소리가 들려왔다.

"낭군의 정성을 입어 다른 나라에 남자로 태어나게 되었습니다. 저승과 이승이 멀리 떨어져 있지만, 낭군께 감사하는 마음을 잊을 수 없군요. 낭군께서도 선업(善業)을 닦으셔서 함께 윤회(輪回)를 벗어나도록 하십시다."

양생은 이후 혼인하지 않고 지리산에 들어가 약초를 캤는데, 그 뒤로 어찌 살다 생을 마쳤는지는 알 수 없다.

김시습의 소설집 『금오신화』(金鰲新話) 첫머리에 실린 작품이다. 현재 전하는 『금오신화』에는 모두 다섯 편의 작품이 수록되어 있는데, 「만복사저포기」(萬福寺樗蒲記)·「이생규장전」(李生窺墻傳)·「취유부벽정기」(醉遊浮碧亭記)·「남염부주지」(南炎浮洲志)·「용궁부연록」(龍宮赴宴錄)이 그것이다. 이 작품은 부처님과 내기를 하여 배필을 맞는다는 발상이 흥미롭고, 양생과 여인이 『시경』 구절을 이용하여 주고받는 재치 넘치는 대화가 일품이다. 짧은 만남의 기쁨 뒤에 찾아오는 이별의 슬픔이 긴 여운을 남긴다.

담장 너머 사랑을 엿보다

송도(松都: 개성)에 이생(李生)이라는 사람이 낙타교(駱駝橋)[1] 옆에 살았다. 나이가 열여덟이었는데, 신선처럼 맑은 생김새에 빼어난 자질을 타고났다. 늘 국학(國學)[2]에 가면서 길에서도 책을 읽었다.

선죽리(善竹里)[3]에는 명문가의 처녀 최씨(崔氏)가 살았다. 나이는 열대여섯 살에, 자태가 아리땁고 자수를 잘했으며, 시 짓는 데에도 뛰어났다.

사람들은 이생과 최씨를 두고 이런 노래를 부르곤 했다.

풍류남아 이씨 집 아들
요조숙녀 최씨 집 딸.
재주와 미모가 만일 먹는 것이라면
허기진 배를 채울 수 있겠네.

이생은 날마다 겨드랑이에 책을 끼고 국학에 갔는데, 늘 최씨 집 앞을 지나갔다. 최씨 집의 북쪽 담장 밖에는 하늘거리는 수양버들 수십 그루가 둥그렇게 둘러서 있었고, 이생은 종종 그

---

[1] 낙타교(駱駝橋): 개성에 있던 다리 이름. 탁타교(橐駝橋)라고도 했다.
[2] 국학(國學): 고려 시대의 성균관(成均館). 개성의 탄현문(炭峴門) 안에 있었다.
[3] 선죽리(善竹里): 개성의 선죽교(善竹橋) 부근에 있던 마을.

나무 아래에서 쉬어 가곤 하였다.

하루는 이생이 최씨 집 담장 안을 넘겨다봤다. 아름다운 꽃들이 활짝 피어 있고, 벌과 새들이 그 사이를 요란스레 날아다니고 있었다. 뜰 한쪽에는 꽃나무 수풀 사이로 작은 정자 하나가 보였다. 문에는 구슬발이 반쯤 걷혀 있고, 그 안에 비단 장막이 드리워 있었다. 그 안에 아름다운 여인 한 사람이 앉아서 수를 놓다가 지겨운 듯 바느질하던 손을 멈추고 턱을 괴더니 이런 시를 읊었다.

홀로 비단 창에 기대어 수놓기도 지루한데
온갖 꽃떨기마다 꾀꼬리 지저귀네.
괜스레 봄바람 원망하다
말없이 바늘 멈추고 누군가를 그리워하네.

길 가는 멀쑥한 선비, 뉘 댁 분이신지
파란 옷깃 넓은 띠[4] 버들 사이로 어른거리네.
내가 제비가 될 수 있다면
구슬발 헤치고 나가 담장을 넘으리.

이생은 시 읊는 소리를 듣고 들뜬 마음을 억누를 수 없었다.

4_ 파란 옷깃 넓은 띠: 국학(國學)에 다니는 유생(儒生)의 옷차림.

그러나 명문가 담장은 높디높고, 여인의 규방은 깊디깊으니 그저 속만 끓이다 떠나는 수밖에.

이생은 국학에서 돌아오는 길에 흰 종이 한 폭에 자신이 지은 시 세 편을 써서 기왓장에 묶어 담장 안으로 던졌다. 그 시는 다음과 같았다.

무산(巫山) 열두 봉우리 안개가 첩첩
뾰족한 봉우리 감싼 오색구름이여.
양왕(襄王)을 꿈에서 뇌쇄시켜서
구름이 되고 비가 되어 양대(陽臺)에 내려왔나.[5]

사마상여(司馬相如)[6] 가 탁문군(卓文君) 꾀던
그 마음 이제 알 만하구려.
붉은 담장 가에 아름다운 복사꽃 오얏꽃은
바람 따라 어디서 분분히 지는지.

좋은 인연일까 나쁜 인연일까
공연한 시름으로 하루가 일 년.
스물여덟 글자[7] 시로 맺은 인연
남교(藍橋)[8] 에서 선녀 만날 날 언제 오려나.

5_ 무산(巫山) 열두 봉우리~양대(陽臺)에 내려왔나: '무산'은 중국 호북성(湖北省) 서부에 있는 산 이름이다. '양대'는 중국 중경시(重慶市) 무산현(巫山縣) 고도산(高都山)에 있던 누대 이름이다. 초나라 회왕(懷王)이 양대에서 낮잠을 자다가 꿈에 무산의 여신을 만났는데, 무산의 여신이 자신은 아침에는 구름이 되고 저녁에는 비가 된다고 말한 뒤 잠자리를 함께했다는 전설이 있다. '양왕'은 춘추 시대 초나라의 임금이다. 회왕이 무산의 여신과 사랑을 나누었다는 고당(高唐)에서 노닐며 회왕 시절의 일을 회고했다는 고사가 있다.
6_ 사마상여(司馬相如): 전한(前漢)의 문인(文人). 젊었을 때 촉(蜀)의 임공(臨邛) 땅을 지나다가 금(琴)을 타서 과부 탁문군(卓文君)을 꾀어내어 부부가 되었다.

최씨가 시중드는 여종 향아(香兒)더러 담장 안으로 떨어진 물건을 가져오라 하였다. 종이를 펼쳐 보니 이생이 쓴 시가 적혀 있었다. 두 번 세 번 되풀이 읽노라니 마음이 절로 기뻤다. 최씨는 작은 종이에 몇 글자를 적어 담장 밖으로 던졌다. 그 종이에는 다음의 글귀가 적혀 있었다.

의심 마시고 밤에 이리로 오셔요.

이생이 최씨의 말대로 그날 밤에 담장 아래로 갔다. 문득 한 가지 복사꽃 그림자가 담장을 넘어 흔들리는 모양이 보였다. 다가가서 보니 대나무로 엮은 바구니 같은 것이 그넷줄에 묶여 담장 아래로 내려와 있었다. 이생은 그넷줄을 잡고 올라가 담을 넘었다.

때마침 달이 동산 위에 떠올라 꽃 그림자가 땅에 가득했고, 맑은 향기가 참 좋았다. 이생은 자신이 신선 세계에 들어온 듯싶었다. 기뻐서 어쩔 줄 모르면서도 워낙 위험한 상황인지라 머리 끝이 쭈뼛 솟아올랐다. 좌우를 두리번거리니 여인은 이미 꽃밭 안에 들어가 향아와 함께 꽃을 꺾어 머리에 꽂은 채 한쪽 구석에 자리를 펴고 앉아 있었다. 최씨는 이생을 보고 미소 지으며 시 두 구절을 먼저 지어 읊었다.

7_ 스물여덟 글자: 칠언 절구(七言絶句) 시를 말한다.
8_ 남교(藍橋): 중국 섬서성(陝西省) 남전현(藍田縣) 동남쪽의 남계(藍溪)에 놓인 다리 이름. 배항(裵航)이라는 선비가 운교(雲翹)라는 부인을 만나 남교에 가면 좋은 배필을 만날 수 있다는 말을 들었는데, 배항이 그 말대로 남교에 가서 결국 운영(雲英)이라는 미인을 만날 수 있었다는 고사가 전한다.

오얏나무 복사나무 가지에는 탐스러운 꽃
원앙새 새긴 베개 위엔 곱디고운 달.

이생이 그 뒤를 이어 나머지 구절을 지어 읊었다.

훗날 우리의 사랑 누설되어서
무정한 비바람[9] 맞으리니 가련도 하지.

이생의 시를 듣자 문득 최씨의 얼굴이 굳었다. 최씨는 이렇게 말했다.
"저는 평생 당신을 모시며 영원히 함께 기쁨을 누리고자 하건만, 낭군께선 무슨 말씀을 그렇게 하십니까? 여자인 저도 마음을 태연히 먹고 있거늘, 대장부가 그런 말을 하다니요? 훗날 이곳에서의 일이 발각되어 부모님의 질책을 받게 된다 한들 제가 감당할 것입니다. 향아는 방에 가서 술과 안주를 가져오너라."

향아가 명을 받아 나갔다. 사방이 쥐죽은 듯 고요해 아무런 소리도 들리지 않았다. 이생이 물었다.
"여기가 어딥니까?"
최씨가 말했다.
"저희 집 북쪽 정원 안에 있는 작은 정자 아래입니다. 부모

9_ 비바람: 부모의 반대나 노여움을 비유하는 말로 쓰였다.

님께서 외동딸인 저를 매우 사랑하셔서서 부용꽃 핀 연못가에 정자 하나를 짓고 봄날 아름다운 꽃들이 활짝 피면 시중드는 아이와 함께 이곳에서 노닐게 하셨지요. 어머니는 깊은 안채에 계셔서 이곳에서 웃고 떠들더라도 들리지 않는답니다."

최씨가 좋은 술 한 잔을 이생에게 권하며 옛날풍의 시 한 편을 지어 읊었다.

둥근 난간 아래 부용꽃 핀 연못
연못의 꽃 속에서 두 사람이 함께 말하네.
안개가 아른아른 봄기운 화사하니
「백저가」(白紵歌: 오吳나라의 춤곡) 노랫말을 새로 지어 보네.
꽃그늘 비추던 달은 자리로 들고
둘이 함께 긴 가지 잡으니 꽃비가 내리네.
바람 따라 맑은 향기 옷자락에 스미니
가오(賈午)[10]가 사뿐사뿐 춤을 추누나.
비단 적삼 가벼이 해당화를 스치니
꽃 속에 자던 앵무새[11] 깜짝 놀라 일어나네.

이생이 곧바로 이렇게 화답시를 지어 읊었다.

10_ 가오(賈午): 진(晉)나라 무제(武帝) 때 높은 벼슬을 지낸 가충(賈充)의 딸. 가오는 부친이 무제로부터 하사받은 외국산의 고급 향(香)을 가져다 한수(韓壽)에게 주고는 그와 사통(私通)했는데, 훗날 한수의 옷에서 나는 향기 때문에 그 일이 발각되었다. 이에 가충은 딸을 한수에게 시집보냈다.
11_ 앵무새: 이생을 비유하는 말로 쓰였다.

어쩌다 무릉도원 들어오니 흐드러진 꽃 풍경
이내 마음 형언할 길 없네.
쌍상투12_ 머리에 금비녀 꽂고
단정한 봄옷 초록빛 모시로 지어 입었네.
봄바람에 꽃봉오리 열리나니
무성한 가지에 비바람 치지 마라.
소맷자락 하늘거리며
계수나무 꽃그늘에서 항아(姮娥)13_가 춤을 추네.
기쁜 일 다하기 전에 근심이 오는 법
앵무새에게 새로운 노래 가르치지 마오.

   읊기를 마치자 최씨가 이생에게 이렇게 말했다.
   "우리의 오늘 만남은 작은 인연이 아닐 겁니다. 정을 남김없이 나누시려거든 제 뒤를 따라오세요."
   최씨는 말을 마치자마자 북쪽 창으로 들어갔다. 이생이 그 뒤를 따랐다.
   방 안에는 정자로 가는 사다리가 놓여 있었다. 사다리를 타고 올라가자 과연 밖에서 보았던 그 정자였다. 붓이며 벼루며 책상이 모두 지극히 깨끗하고 고왔다. 한쪽 벽에는 〈연강첩장도〉(煙江疊嶂圖)14_와 〈유황고목도〉(幽篁古木圖)15_가 걸려 있었다.

12_ 쌍상투: 머리를 둘로 갈라 틀어 올린 상투.
13_ 항아(姮娥): 달나라에 산다는 선녀.
14_ 〈연강첩장도〉(煙江疊嶂圖): 안개 낀 강에 첩첩봉우리가 있는 모습을 그린 그림.
15_ 〈유황고목도〉(幽篁古木圖): 우거진 대숲의 고목을 그린 그림.

모두 유명한 그림이었다. 그림 상단에 시가 한 편씩 적혀 있었는데, 누가 지은 것인지는 알 수 없었다.

어떤 사람 붓 힘이 이리 좋아서
강 가운데 이처럼 천 겹 산을 그렸나?
장대하구나 우뚝 솟은 방호산(方壺山)16_이여
안개구름 사이로 아득히 보일 듯 말 듯.
먼 산줄기는 백 리에 걸쳐 아슴푸레하고
눈앞에는 푸르른 봉우리 우뚝 솟았네.
푸른 물결 아득히 먼 하늘에 떴는데
해 질 녘 멀리 바라보니 간절한 고향 생각.
이를 대하니 마음이 쓸쓸해져서
비바람 치는 상강(湘江)에 배를 띄운 듯하네.

우거진 대숲에 소슬바람 소리
우람한 저 고목은 정을 품은 듯.
뿌리는 제멋대로 얽혀 이끼 꼈지만
늙은 줄기 곧게 뻗어 바람 우레 떨쳐내네.
가슴속에 깊은 조화 있건만
오묘한 비밀을 누구에게 말하리.

16_ 방호산(方壺山): 삼신산(三神山)의 하나인 방장산(方丈山)을 말한다.

위언(韋偃)과 여가(與可)17_도 귀신 되었으니
천기(天機)를 보여 줄 이 몇이나 될지.
맑은 창에서 멍하니 바라보면서
그림에 빠져 삼매경에 드네.

한쪽 벽에는 사계절의 풍경을 읊은 시가 계절별로 네 편씩 붙어 있었다. 역시 누가 지었는지는 알 수 없었는데, 그 필체는 송설(松雪)18_의 글씨를 본받아서 지극히 정밀하고 숙련된 솜씨였다. 첫째 폭에는 봄을 노래한 다음의 시가 적혀 있었다.

부용 수놓은 장막 따스하고 향기도 은은한데
창 밖에는 부슬부슬 붉은 꽃비가 내리네.
정자 난간에 언뜻 잠들었다 새벽종 울려 깨니
산목련에서 때까치19_ 울고 있네.

제비 나는 긴 봄날 규방 깊은 곳
노곤하여 말없이 수놓기를 멈추네.
꽃밭에 쌍쌍이 나비 날아와
뜨락 그늘에 지는 꽃잎 따라 다니네.

17_ 위언(韋偃)과 여가(與可): '위언'은 당나라 때의 화가이다. '여가'는 송나라 때의 화가 문동(文同)의 자(字)이다.
18_ 송설(松雪): 원나라 때의 유명한 서화가 조맹부(趙孟頫)의 호.
19_ 때까치: 봄에 우는 새로, 봄이 가면 울음을 멈춘다.

서늘한 기운 초록빛 치마에 스미니

봄바람에 공연히 애간장이 끊어지네.

그리워하는 이 마음 그 누가 알까

백화만발한 곳에 원앙새가 춤을 추네.

어여쁜 아씨 집에 봄빛이 깊어

진홍빛 연둣빛이 비단 창에 어렸네.

뜰 가득 고운 풀에 마음 괴로워

살며시 구슬발 걷고 지는 꽃 보네.

둘째 폭에는 여름을 노래한 다음의 시가 적혀 있었다.

밀알 처음 맺힐 무렵 어미 제비 날고

남쪽 동산엔 온통 석류꽃.

푸른 창가에는 사각사각 옷감 자르는 소리

자줏빛 노을 오려 붉은 치마 만들까나.

매실 익을 제 가늘게 비가 뿌리니

홰나무 그늘에 꾀꼬리 울고 제비가 처마에 드네.

또 한 해 풍경이 늙어 가나니

연나무 꽃[20]은 지고 죽순 뾰족 돋아나네.

살구 따다 꾀꼬리에게 던지노라니
바람은 남쪽 마루 건너고 해 그림자 더디 가네.
연잎은 향기롭고 연못물은 그득한데
푸른 물결 깊은 곳에 가마우지[21] 몸을 씻네.

등나무 상(床)과 대자리엔 물결 무늬가 곱고
소상강(瀟湘江) 그린 병풍 그림에는 구름이 자욱.
게으름에 한낮의 꿈 깨지 못하는데
창 너머 기운 해는 어느덧 서산으로.

셋째 폭에는 가을을 노래한 다음의 시가 적혀 있었다.

가을바람 솔솔 부니 이슬이 맺고
가을 달 깨끗하니 물도 푸르네.
기러기는 끼룩끼룩 울며 돌아가는데
우물가 지는 오동잎 소리 가만히 듣네.

평상 아래에 온갖 벌레 찍찍찍 울고

---

[20] 연나무 꽃: '연나무'는 낙엽 교목의 이름으로, 4월이나 5월에 연보랏빛의 작은 꽃이 피며, 꽃에서 맑은 향기가 난다. 이 꽃이 지면 여름이 된다.
[21] 가마우지: 생김새가 까마귀 비슷한, 물고기를 잡아먹고 사는 물새.

평상 위의 여인은 구슬 눈물 떨구네.
임은 만리타향 싸움터에 가셨거늘
오늘밤 옥문관(玉門關)22에도 밝은 달 떠 있으리.

새 옷 지으려니 가위가 차구나
하녀 불러 다리미를 가져오라 하네.
다리미 불 꺼진 줄도 미처 모른 채
아쟁 켜다 머리를 긁적이누나.

작은 연못에 연꽃 지고 파초(芭蕉)는 누런데
원앙 무늬 기와 위에 첫서리가 내렸네.
옛 시름 새로운 한(恨) 금할 길 없건만
동방(洞房)에 귀뚜라미 울음소리까지 들려오누나.

넷째 폭에는 겨울을 노래한 다음의 시가 적혀 있었다.

매화 가지 그림자 창에 비꼈는데
서쪽 행랑에 바람 씽씽 불고 달빛이 환하네.
화롯불 남아 있어 금 젓가락 헤집으며
아이 불러 찻주전자 새로 올리라 하네.

22_ 옥문관(玉門關): 중국의 서쪽 변방에 있는 관문.

한밤중에 서리 내려 나뭇잎 자주 놀라고
눈은 바람에 날려 긴 행랑에 들이치네.
밤새 임 그리는 꿈을 꾸었는데
전쟁터 차디찬 사막에 계셨네.

창 가득 붉은 햇살 봄기운 서린 듯한데
시름 가득 눈썹 가엔 졸음이 어렸네.
호리병의 작은 매화 반쯤 피려 해
수줍어 말없이 원앙을 수놓네.

휘익휘익 겨울 바람 북쪽 숲에 몰아치는데
달 보고 우는 까마귀 모습 마음에 사무치네.
등불 앞에 앉아 임 그리는 눈물
실에 떨어져 바느질이 자꾸 중단되네.

한쪽 곁에는 작은 방이 하나 따로 있었다. 방 안의 장막이며 이부자리가 또한 깨끗하고 화려했다. 장막 밖에서 사향(麝香)과 난초 기름을 태워 휘황한 빛이 들이쳐 방 안이 대낮처럼 환했다. 이생은 그곳에서 최씨와 극도의 즐거움을 맛보며 며칠을 머물렀다.

하루는 이생이 최씨에게 말했다.

"공자(孔子)께서 '부모님이 계시거든 반드시 어디 가는지를 말씀드리고 집을 나선다'(『논어』「이인」里仁)라고 말씀하셨는데, 지금 내가 부모님께 아침저녁 문안을 드리지 못한 지가 이미 사흘이 되었소. 부모님께서 걱정하며 기다리실 테니 자식 된 도리가 아니군요."

최씨가 서글픈 얼굴로 고개를 끄덕이며 담장 너머로 이생을 보내 주었다. 이생은 그날 이후로 매일 밤 최씨의 집을 찾았다.

어느 날 밤, 이생의 부친이 이생에게 물었다.

"네가 아침에 집을 나갔다가 저녁에 돌아오는 건 공자님의 어질고 의로운 말씀을 배우기 위해서일 게다. 그런데 저녁에 나가서 새벽에 돌아오는 건 무슨 일 때문이냐? 내 생각엔 필시 경박한 녀석들 모양 남의 집 처녀를 넘보기 위해서인 듯하다. 나중에 모든 일이 탄로나면 남들이 모두 내가 자식 교육을 엄하게 시키지 못했다고 욕할 게다. 게다가 만일 그 처녀가 훌륭한 가문의 여성이라면 네가 미치고 교활한 마음으로 자기 가문을 더럽혔다고 여기지 않겠느냐. 남의 가문에 죄를 짓는 건 결코 작은 일이 아니다. 어서 영남 땅으로 가서 노비들을 거느리고 농장 일이나 감독하도록 해라. 절대 돌아올 생각 말고!"

이생의 부친은 이튿날 곧바로 이생을 울주(蔚州: 울산)로 쫓아 보냈다. 최씨는 매일 밤 꽃밭에서 이생을 기다렸지만 두세 달이 지나도록 이생은 오지 않았다. 최씨는 이생이 병에 걸려 못 오나 보다 생각하고 향아로 하여금 이생의 이웃집에 가서 은밀히 이생의 근황을 물어보게 했다. 향아는 이생의 이웃 사람이 이렇게 말하더라고 했다.

"그 댁 아드님은 부친께 벌을 받아 영남으로 쫓겨 간 지가 벌써 두어 달 되었지."

최씨는 그 말을 듣고 자리에 앓아누웠다. 몸을 뒤척이며 일어나지 못하고 물 한 모금 입에 대지 않더니 말도 제대로 잇지 못하고 피부도 초췌해졌다.

최씨의 부모가 이상하게 여겨 무슨 이유로 앓아누웠는지 물었으나 최씨는 입을 꼭 다문 채 묵묵부답이었다. 최씨의 부모가 최씨의 상자를 뒤지다가 이생이 예전에 최씨에게 지어 주었던 시를 발견했다. 그제야 무릎을 치며 놀라더니 이렇게 말했다.

"하마터면 우리 딸아이를 잃을 뻔했구먼!"

최씨의 부모는 최씨에게 이렇게 물었다.

"대체 이생이 누구냐?"

사태가 이렇게 되자 최씨도 더 이상 숨기지 못하고 목구멍 안에서 기어 들어가는 목소리로 겨우 사실을 고했다.

"아버지 어머니께서 길러 주신 은혜를 생각하니 숨길 수가 없군요. 제가 생각하기로는 남녀가 만나는 데는 정이 가장 소중해요. 그래서 『시경』(詩經)에는 혼기를 앞둔 여인이 낭군 구하는 마음을 노래한 시[23]가 실려 있고, 『주역』(周易)에는 여자가 정조를 지키지 못하면 흉하다[24]는 가르침이 들어 있지요. 제가 연약한 여자로서 용모가 시든 뒤 낭군에게 버림받는다는 시[25]나 절개 잃은 여인을 비웃는 시[26]를 모르지 않건만 사람들의 비웃음을 받게 되었습니다. 스스로 낭군을 찾고자 위당(渭塘)의 처녀[27] 모양 좋지 못한 행실을 하고 말았으니, 죄가 이미 차고 넘치며 가문에까지 치욕이 이르게 되었어요.

하온데 저 못된 사람은 제 마음을 훔치고서 일생의 원한[28]을 남겨 두고 떠났습니다. 외롭고 약한 제가 홀로 근심을 견뎌 보려 해도 사랑하는 마음은 날로 깊어 가고, 병은 날로 악화되어 이제 거의 죽어서 귀신이 될 지경에 이르렀어요. 아버지 어머니께서 제 소원을 들어주신다면 남은 목숨을 보전할 수 있을 거예요. 하지만 제 마음을 허락해 주지 않으신다면 죽음이 있을 뿐, 저승에서 이생과 다시 만날지언정 다른 사람에게 시집가지는 않으렵니다."

이에 최씨의 부모가 딸의 뜻을 알아차리고는 병에 대해 더이상 묻지 않았다. 최씨의 부모는 타이르기도 하고 달래기도 하면서 딸의 마음을 누그러뜨리는 한편, 예물을 갖추어 이생의 집

23_ 혼기를~시: 『시경』 소남(召南) 「표유매」(摽有梅).
24_ 여자가~흉하다: 『주역』 「함괘」(咸卦).
25_ 연약한~시: 『시경』 위풍(衛風) 「맹」(氓).
26_ 절개 잃은~시: 『시경』 소남(召南) 「행로」(行露).
27_ 위당(渭塘)의 처녀: 『전등신화』(剪燈新話)에 수록된 「위당기우기」(渭塘奇遇記)의 여주인공을 말한다. 원나라 때 금릉(金陵) 사람 왕생(王生)이 위당(渭塘)에 갔다가 그곳의 처녀와 눈이 맞아 부부가 되었다는 내용이다.

에 매파를 보내 혼인 의사를 물었다. 이생의 부친은 최씨 집이 대단한 가문이라는 것을 알고 이렇게 대답했다.

"우리 아이가 비록 나이가 어려 행동이 거칠긴 하나 학문에 정통하고 풍채도 남 못지않아, 나로서는 이 아이가 머잖아 장원 급제하여 크게 이름을 날리리라 기대하고 있소이다. 빨리 혼인 시킬 생각은 없소."

매파가 돌아가 그 말을 전하자, 최씨의 부친이 매파를 다시 보내며 이런 말을 전하게 했다.

"옛날 사귀던 벗들도 모두 댁의 아드님에 대해 재주가 대단하다고들 칭찬하더군요. 지금 비록 몸을 웅크리고 있다고 하나 초야에 묻혀 지낼 사람이 아니라는 걸 저도 알고 있습니다. 하루빨리 좋은 날을 택하여 자식들의 혼인을 이루어 주었으면 합니다."

매파가 다시 이생의 부친에게 그 말을 전했다. 이생의 부친은 이렇게 말했다.

"저도 어려서부터 책을 들고 경전 공부를 했지만 늙도록 이룬 것이 없습니다. 노비들은 모두 달아나고 도와줄 만한 친척도 거의 없어 사는 게 허술하고 집안 살림도 고단합니다. 이런 형편인데 명문가에서 일개 가난한 유생(儒生)을 사위로 맞이하려 하시다니요. 제 생각에는 필시 호사가들이 우리 아이를 턱없이 칭찬하여 댁에까지 잘못된 소문이 들어간 것일 겝니다."

28_ 원한: 원문은 '교원'(喬怨)으로, 곧 '교생(喬生)에 대한 원망'이란 뜻이다. '교생'(喬生)은 『전등신화』에 수록된 「모란등기」(牧丹燈記)의 주인공이다. 교생은 여경(麗卿)이라는 미녀를 만나 인연을 맺었으나, 여경이 귀신이라는 사실을 알게 되자 그만 관계를 끊었고, 여경은 이를 원망하여 교생을 끌고 함께 관 속으로 들어갔다.

매파가 다시 최씨 집에 그 말을 전하자, 최씨 집에서는 또 이런 말을 전하게 했다.

"혼례에 드는 모든 일이며 비용은 저희가 모두 준비하도록 하겠습니다. 좋은 날을 가려서 화촉을 밝히도록 하십시다."

매파가 다시 이생의 부친에게 가서 말을 전하자, 이생의 부친도 이쯤 이르러서는 뜻을 돌리지 않을 수 없었다. 급히 사람을 보내 아들을 집으로 오게 하여 의향을 물었다. 이생은 기쁨을 억누르지 못하고 다음과 같은 시를 지었다.

헤어지면 반드시 만나게 되나니
오작교 놓여 우리 만남 이루었구나.
월하노인(月下老人)이 인연을 맺어 줬으니
봄바람에 두견새 원망할 일 없겠네.

최씨도 혼약 맺었다는 소식을 듣고 병이 차츰 나아 갔다. 최씨는 이런 시를 지었다.

나쁜 인연이 좋은 인연 되어
우리의 언약 이루어졌네.
함께 사슴 수레[29]- 탈 날 그 언제일까

29_ 사슴 수레: 사슴 한 마리를 태울 만한 크기의 작은 수레. 부부 사이의 좋은 금슬을 뜻하는 말인데, 여기서는 혼인을 가리키는 말로 썼다. 한나라 포선(鮑宣)의 아내 환소군(桓少君)이 혼례식을 올린 뒤 친정에서 마련한 혼수를 모두 거절하고는 거친 베옷을 입고 남편과 함께 녹거(鹿車: 사슴 수레)를 끌며 시댁으로 갔다는 고사가 있다.

부축 받고 일어나 꽃비녀를 꽂아 보네.

    드디어 좋은 날을 택하여 두 사람은 혼례를 치르고 부부가 되었다. 함께 산 뒤로 부부는 서로 사랑하고 공경하며, 서로를 손님 대하듯이 온 정성을 다했다. 양홍(梁鴻)과 맹광(孟光) 부부, 포선(鮑宣)과 환소군(桓少君) 부부[30]라도 이생과 최씨의 절개와 의리에는 미치지 못할 정도였다.
    이생은 이듬해 과거 시험에 합격하여 좋은 벼슬자리를 얻었고, 그 명성이 조정에 널리 퍼졌다.
    신축년[31]에 홍건적(紅巾賊)이 서울을 침략하여 임금이 복주(福州: 안동)로 피난하였다. 홍건적은 가옥을 불태우고 사람과 가축을 닥치는 대로 죽였다. 이생 부부와 친척들 또한 위험을 피할 길이 없어 동서로 달아나 목숨을 부지하고자 했다.
    이생은 가족을 이끌고 깊은 산에 들어가 숨으려 했다. 이때 홍건적 하나가 나타나 칼을 뽑아 들고 쫓아왔다. 이생은 있는 힘껏 달려 겨우 벗어날 수 있었다. 그러나 최씨는 결국 홍건적에게 사로잡히고 말았다. 홍건적이 최씨를 겁탈하려 하자 최씨는 큰 소리로 꾸짖었다.
    "짐승만도 못한 놈! 나를 잡아먹어라! 죽어서 승냥이의 밥이 될지언정 내 어찌 개돼지의 아내가 될 수 있겠느냐?"

30_ 양홍(梁鴻)과 맹광(孟光) 부부, 포선(鮑宣)과 환소군(桓少君) 부부: 양홍은 후한(後漢) 때의 가난한 선비이고 포선은 전한(前漢) 때의 가난한 선비인데, 그들의 아내인 맹광과 환소군은 부잣집 딸이었으나 검소한 생활로 남편을 잘 받들었다는 고사가 있다.
31_ 신축년: 고려 공민왕(恭愍王) 10년인 1361년. 이 해에 홍건적(紅巾賊) 십만 명이 압록강을 건너 우리나라를 침략하였다.

홍건적이 노하여 최씨를 죽이고 난도질하였다.

이생은 황야에 몸을 숨겨 겨우 목숨을 건질 수 있었다. 홍건적이 물러갔다는 소식을 듣고 집으로 돌아가 보니 이미 모두 불타 잿더미가 되어 있었다.

이생은 발길을 돌려 최씨의 집으로 갔다. 황량한 집에 쥐가 찍찍거리고 새들이 지저귀는 소리만이 들려왔다. 슬픔을 가눌 수 없어 작은 정자에 올라가 눈물을 훔치며 길게 한숨을 쉬었다.

날이 저물도록 이생은 덩그러니 홀로 앉아 있었다. 멍하니 예전에 최씨와 함께 즐겁게 보낸 시간들을 회상하노라니 한바탕 꿈을 꾼 듯싶었다.

어느덧 2경(밤 9시부터 11시 사이)이 되었다. 달빛이 희미하게 뻗어 나와 들보를 비추었다. 문득 행랑 아래쪽에서 어떤 소리가 들려왔다. 멀리서부터 발소리가 점점 다가왔다. 최씨였다. 이생은 최씨가 이미 죽은 줄 알면서도 사랑하는 마음이 간절했던 까닭에 의심하지 않고 곧바로 이렇게 물었다.

"어디로 피해서 목숨을 건졌소?"

최씨는 이생의 손을 잡고 목 놓아 통곡하더니, 이윽고 다음과 같이 마음을 토로하였다.

"저는 본래 사대부 가문에 태어나 어려서부터 부모님의 가르침을 따라 수놓고 옷 짓는 일을 열심히 익혔고, 시 짓기며 글씨 쓰기며 인의(仁義)의 도리도 배웠어요. 하지만 오직 규방(閨房) 여성의 일이나 알 뿐 바깥세상의 일이야 아는 것이 없었지요.

 그러던 터에 어쩌다 붉은 살구가 있는 담장을 넘겨다보고는 그만 제가 먼저 마음을 바치고 말았고, 꽃 앞에서 한 번 웃음 짓고는 평생의 인연을 맺게 되어 장막 안에서 거듭 만나면서 백 년의 정을 쌓았습니다. 처음 만나던 시절을 얘기하다 보니 슬픔을 견딜 수 없군요.

 백년해로할 것을 약속하며 함께 살았건만, 도중에 일이 어그러져 구덩이에 뒹굴게 될 줄 어찌 생각이나 했겠어요. 끝내 승냥이의 손에 몸을 망치지 않고 저 스스로 모래 구덩이에서 살을 찢기는 길을 택했지요. 이는 하늘의 이치로 보자면 당연한 것이지만, 인간의 정으로는 견디기 어려운 일일 겁니다. 깊은 산에서 우리 부부가 헤어진 뒤 결국 서로 다른 곳으로 날아가는 두 마리 새와 같이 영영 떨어지게 되었으니, 한스럽고 한스러울 뿐이에요.

 집은 사라지고 가족들은 모두 세상을 떠 이제 고단한 영혼이 의지할 곳 없으니 서글프기 그지없지만, 소중한 의리를 지키기 위해 가벼운 목숨을 버리고 치욕을 면할 수 있었으니 다행입니다. 마디마디 재가 되어 버린 제 마음을 누가 가여워해 줄까요? 갈기갈기 찢어진 제 창자에 원한만이 가득합니다. 제 해골은 들판에 널브러졌고, 간담은 땅에 뒹굴고 있어요.

가만히 생각해 보니 지난날의 기쁨과 즐거움이 오늘의 슬픔과 원한이 되고 말았네요. 하지만 지금 깊은 산골에 추연(鄒衍)32_의 피리 소리 들려오고, 천녀(倩女)33_의 혼령은 자기 몸을 찾아 돌아왔으니, 봉래도(蓬萊島)에서 기약한 만남이 이루어지고, 취굴(聚窟)에 삼생(三生)34_의 향기가 가득합니다. 이제 다시 만났으니 지난날의 맹세를 저버리지 않으시기 바랍니다. 저를 잊지 않으셨다면 다시 행복하게 살아요. 허락해 주시겠어요?"

이생은 기쁘고도 마음이 뭉클해져 "진정 내가 바라던 바요!"라고 말했다.

두 사람이 정답게 이런저런 이야기를 나누다 집안 재산이 홍건적에게 탈취되었는지가 화제가 되었다. 최씨가 이렇게 말했다.

"재산은 조금도 잃지 않았어요. 아무 산 아무 골짜기에 묻어 두었답니다."

이생이 또 물었다.

"양가 부모님의 유해는 어디에 있소?"

"아무 곳에 버려져 있습니다."

두 사람은 서로 속마음을 다 토로하고 함께 잠자리에 들었다. 그 지극한 즐거움은 예전과 똑같았다.

32_ 추연(鄒衍): 전국 시대(戰國時代) 제(齊)나라 사람으로, 추운 지방에서 피리를 불어 날씨를 따뜻하게 했다는 고사가 있다.
33_ 천녀(倩女): 당나라의 장일(張鎰)이란 사람의 막내딸로, 다음의 고사가 전한다. 어릴 때 천녀의 아버지가 천녀를 왕주(王宙)와 혼인시키기로 약속했으나 훗날 다른 사람에게 시집보내려 하였다. 이에 천녀는 그만 병이 들어 의식불명 상태에 빠지게 되었는데, 몸에서 분리된 천녀의 혼령은 따로 천녀의 형상이 되어 왕주를 따라 촉(蜀) 땅으로 도망갔다. 그 뒤 5년 만에 천녀의 혼령이 집으로 돌아와 본래의 몸과 합하더니 본래의 천녀로 돌아오게 되었다.

이튿날, 부부가 함께 재산을 묻어 두었다는 곳을 찾아갔다. 땅을 파 보니 과연 금은 몇 덩이와 그밖의 재물이 있었다. 양가 부모의 시신도 수습할 수 있었다. 되찾은 금과 재물을 팔아 마련한 돈으로 양가 부모의 시신을 오관산(五冠山)35_ 기슭에 각각 합장하였다. 봉분(封墳)을 만들고 둘레에 나무를 심은 뒤 제사를 올렸는데, 모든 일을 예법에 맞게 하였다.

그 뒤 이생은 벼슬에 나아가지 않고 최씨와 함께 집에 머물러 지냈다. 하인 중에 목숨을 건진 이들도 하나 둘 집으로 돌아왔다. 이생은 이제 세상사에 관심을 두지 않아 친척이나 어르신들의 경조사(慶弔事)에도 가 보지 않고 집 안에 틀어박혀 있었다. 언제나 최씨와 함께 술잔을 기울이며 시를 주고받을 뿐이었다. 이렇게 부부가 금실 좋게 지내는 동안 어언 몇 년의 세월이 흘렀다.

그러던 어느 날 밤에 최씨가 이생에게 말했다.

"세 번 아름다운 인연을 맺었건만 세상일이 마음처럼 되지 않는군요. 함께 누린 즐거움이 아직 다하지 않았는데, 슬프게도 이제 떠나야 할 시간이 되었어요."

그렇게 말하고는 오열하였다. 이생이 놀라서 물었다.

"그게 무슨 말이오?"

최씨가 말했다.

34_ 삼생(三生): 전생(前生)·금생(今生)·내생(來生).
35_ 오관산(五冠山): 개성 송악산(松岳山) 동쪽에 있는 산 이름.

"하늘이 정한 운명은 피할 길이 없습니다. 옥황상제께서 저를 다시 내려보내신 것은 낭군과 저의 연분이 아직 끊어지지 않았고, 제가 죄 없이 죽었기 때문이에요. 그래서 제게 인간의 형체를 빌려 주시며 잠시 이별의 아픔을 누그러뜨리게 하신 거지요. 오래도록 인간 세상에 머물러 산 사람을 미혹시켜서는 안 된답니다."

최씨는 여종을 불러 술상을 가져오게 한 뒤 「옥루춘」(玉樓春: 사詞의 하나) 곡조에 노랫말을 새로 지어 이생에게 불러 주었다. 그 노래는 다음과 같았다.

눈앞 가득 창칼이 난무하더니
옥구슬 바스라지고 원앙새 짝 잃었네.
뒹구는 내 몸 그 누가 묻어 줄까?
피맺혀 떠도는 혼 함께할 사람 없네.

고당(高唐)[36]에 내려왔던 무산(巫山)의 여신
거울 깨져 다시 이별하니 그 마음 참혹하네.
지금 헤어지면 만날 기약 아득해라
이승과 저승 사이 소식 전할 길이 없네.

---

[36] 고당(高唐): 초(楚)나라 운몽택(雲夢澤)이라는 연못에 있던 누대의 이름. 초나라 회왕(懷王)이 여기서 꿈에 무산(巫山)의 여신(女神)과 만나 사랑을 나누었다는 고사가 있다.

한 마디씩 노래를 할 적마다 두 줄기 눈물이 입으로 흘러 들어가 노래를 이어 가기도 힘겨웠다. 이생도 역시 슬픔을 이기지 못하고 이렇게 말했다.

"나도 당신과 함께 구천(九泉)으로 가겠소. 당신 없이 나 혼자 살아 무엇 하겠소. 난리를 당한 뒤 친척과 하인이 모두 뿔뿔이 흩어지고 부모님의 유해가 들판에 버려져 있을 때 당신이 없었다면 누가 수습해서 장례를 치를 수 있었겠소? 옛사람이 말하기를, '살아 계실 적에 예의를 다해 섬기고, 돌아가신 뒤에 예의를 다해 장례 지낸다'37_라고 했지요. 이 말을 당신은 실천했으니, 당신이 순수하고 효성스러운 천성과 도타운 인정을 가진 덕분이었을 거요. 당신에 대해 감격하는 마음은 무궁하고, 나 스스로에 대한 부끄러움은 이루 다 말할 수 없구려. 인간 세상에 더 머물렀다 백 년 뒤에 함께 흙이 될 수는 없겠소?"

최씨가 말했다.

"당신의 수명은 아직 수십 년이 더 남아 있어요. 저는 이미 귀신의 명부(名簿)에 이름이 올라 있어 더 이상 머물 수가 없답니다. 만일 제가 인간 세계를 그리는 마음에 저승의 법을 어기는 날에는 제가 벌 받는 것은 물론이고 당신께도 화가 미치게 돼요. 다만 한 가지 부탁드릴 것이 있어요. 제 시신이 아무 곳에 흩어져 있는데, 은혜를 베푸셔서 바람과 햇빛을 받지 않도록 수습해

37_ 살아 계실 적에~다해 장례 지낸다: 『논어』 「위정」(爲政)에 나오는 공자(孔子)의 말.

주시기 바랍니다."

두 사람이 마주 보고 뚝뚝 눈물을 흘렸다.

"몸조심하셔요, 부디 몸조심하셔요!"

최씨는 그 말과 함께 차츰 사라져 가더니 이내 자취를 감추었다.

이생은 최씨의 시신을 수습하여 부모님의 묘 곁에 묻어 주었다.

장례를 지낸 뒤, 이생은 아내를 그리워하다 병이 들어 두어 달 만에 죽고 말았다. 그 소식을 들은 사람들이 모두 안타까움에 한숨지으며 이생과 최씨 부부의 절개와 의리를 높이 기렸다.

「만복사저포기」와 마찬가지로 이 작품 역시 생(生)에 대한 작가의 인식 태도를 잘 보여 준다. 즉, 인간의 삶이란 기쁨이 미처 다하기도 전에 문득 슬픔이 닥쳐오게 마련이며, 그러한 운명 앞에 인간은 무력한 존재일 뿐이라는, 비극적인 세계 인식이 작품의 기저에 깔려 있다. 이 작품은 또한 어떻게 살아야 할 것인가 하는 문제도 심각하게 제기하고 있다. 작자는 남녀 주인공을 통해 인간은 모름지기 인간으로서의 지조와 절의(節義)를 지켜야 함을 힘주어 말하고 있는 것이다.

남염부주에 가다

　성화(成化)¹⁻ 연간 초기에 박생(朴生)이란 사람이 경주(慶州)에 살았다. 박생은 유학(儒學) 공부에 힘쓰던 이로, 성균관(成均館)에 다니고 있었으나 과거 시험에 번번이 떨어져 늘 불만스러워하며 유감을 품고 지냈다. 그러나 의기가 드높고 남의 위세에 굴하지 않는지라, 사람들은 박생을 오만하고 기개가 큰 인물이라고 여겼다. 그렇다고 해서 박생이 교만한 인물은 아니어서 직접 대면해 보면 순박하고 성실한 사람임을 알 수 있었으므로 온 마을 사람들이 그를 칭찬했다.

　박생은 예전부터 늘 불교나 무속 신앙, 귀신 이야기에 의심을 품어 왔으나 확고한 생각을 가지지 못하고 있던 터였다. 그러다가 『중용』(中庸)의 가르침에 비추어 보고, 『주역』의 「계사전」(繫辭傳)²⁻을 자세히 살핀 뒤 자신의 생각이 틀리지 않았음을 자부하게 되었다. 그럼에도 박생은 사람됨이 순박하고 중후한 까닭에, 승려들과도 교유를 끊지 않아 한유(韓愈)가 사귀었던 태전(太顚) 스님³⁻이나 유종원(柳宗元)이 사귀었던 손(巽) 스님⁴⁻ 같은 두세 사람의 승려를 가까이했다. 승려들 역시 선비와 교유하기를 혜원(慧遠) 스님이 종병(宗炳)과 뇌차종(雷次宗)을 사귀고⁵⁻

1⁻ 성화(成化): 중국 명(明)나라 헌종(憲宗)의 연호. 성화 원년(元年)은 조선 세조(世祖) 11년(1465)에 해당한다.
2⁻ 「계사전」(繫辭傳): 『주역』의 원리를 포괄적으로 설명해 놓은 글. 『주역』에 관한 최초의 본격적인 철학적 해명에 해당한다. 전통적으로 공자(孔子)가 저술했다고 전해 온다.
3⁻ 한유(韓愈)가 사귀었던 태전(太顚) 스님: 당나라의 문인 한유는 당시 황제인 헌종(憲宗)이 부처의 사리를 궁중으로 들여온 일이 잘못임을 간언하다가 조주(潮州)로 쫓겨났는데, 거기서 승려 태전과 교유했다.
4⁻ 유종원(柳宗元)이 사귀었던 손(巽) 스님: 당나라의 문인 유종원이 영주(永州)에 있을 때

지둔(支遁) 스님이 왕탄지(王坦之)와 사안(謝安)을 사귀듯이 하여6_ 박생과 막역한 친구가 되었다.

하루는 박생이 승려와 더불어 천당과 지옥에 관한 이야기를 나누다가 다시 의심스러운 마음이 들어 이렇게 말했다.

"천지(天地)는 하나의 음양(陰陽)일 따름이오. 그러니 천지 밖에 또다른 천지가 있을 리 있겠소? 필시 허튼 얘기일 거요."

승려에게 묻자 그쪽 역시 속 시원한 대답을 못한 채 죄를 짓거나 덕을 쌓으면 각각 그에 따른 보답이 있다는 말로 대꾸할 뿐이었다. 박생은 그 말을 전혀 받아들일 수 없었다.

박생은 일찍이 「일리론」(一理論: 천하의 이치는 하나이다)이라는 글을 지어 스스로를 경계하며 이단의 가르침에 흔들리지 않고자 했다. 그 내용은 대략 다음과 같다.

들건대, 천하의 이치[理]는 하나일 뿐이다.

하나란 무엇인가? 둘이 아니라는 말이다. 이치라는 것은 무엇인가? 본성[性]을 말함일 따름이다. 본성이란 것은 무엇인가? 하늘이 명한 바를 말한다. 하늘이 음양오행으로 만물을 낳으며, 기운[氣]으로 형태를 이루게 하고, 저마다 이치[理]를 가지게 하였다.

이른바 이치라는 것은 일상 속의 세상만사가 저마다 법칙을

그곳의 승려 손(巽)과 사귀었다.
5_ 혜원(慧遠) 스님이~뇌차종(雷次宗)을 사귀고: 혜원은 동진(東晋)의 고승(高僧)이고, 종병과 뇌차종은 그를 따라 노닌 문사(文士)들이다.
6_ 지둔(支遁) 스님이~사귀듯이 하여: 지둔은 동진(東晋)의 고승이고, 왕탄지와 사안은 당시의 문사였는데, 서로 친교가 두터웠다.

가지는 것이다. 아버지와 아들의 관계로 말하면 친애함을 다하는 것이요, 임금과 신하의 관계로 말하면 의리를 다하는 것이다. 남편과 아내의 관계, 윗사람과 아랫사람의 관계에 있어서도 각자가 마땅히 가야 할 길이 반드시 있다. 이것이 곧 이른바 '도'(道)이다.

이치는 내 마음에 갖추어져 있다. 그 이치를 따르면 어디 간들 편안하지 않음이 없다. 이치를 거스르고 본성으로부터 어긋나면 재앙이 이른다. 궁리진성(窮理盡性: 이치와 본성을 궁구함)이란 이러한 이치를 궁구한다는 뜻이요, 격물치지(格物致知: 사물의 이치를 끝까지 탐구하여 진정한 앎에 도달함)란 이러한 이치를 탐구한다는 뜻이다.

사람이 세상에 태어날 적에 이러한 마음을 갖지 않은 이가 없고 이러한 본성을 갖추지 않은 이가 없으며, 천하의 만물 또한 이러한 이치를 갖지 않은 것이 없다. 신령스런 마음으로 타고난 본성을 따라 사물에 나아가 이치를 탐구하고, 각각의 일에 따라 그 근원을 추적하여 궁극에 이르기를 구한다면 천하의 이치 중에 환하게 드러나지 않는 것이 없으며, 지극한 이치는 사람의 마음에 간직되지 않은 것이 없다. 이로써 미루어 보건대, 천하와 국가는 마음에 포괄되지 아니함이 없고, 마음에 합치되지 아니함이 없다.

천지에 참구해도 어긋나지 않고, 귀신에 물어보아도 틀린 게 없으며, 고금의 역사를 거쳐 오면서도 영원불멸한 것은 오직 하나의 이치이다. 유자(儒者)의 할 일은 오직 이것을 궁구하는 데 있을 따름이다.

천하에 어찌 두 개의 이치가 있을 수 있단 말인가? 이단의 학설을 나는 믿을 수 없다.

하루는 방 안에서 밤에 등불을 켜고 『주역』을 읽다가 베개에 기대어 설핏 잠이 들었다. 홀연 어느 나라에 도착했는데, 큰 바다 한가운데 있는 섬나라였다.

그곳 땅에는 풀도 나무도 없었고, 모래나 자갈도 없었다. 밟는 곳이라곤 모두 구리 아니면 쇠였다. 낮에는 맹렬한 화염이 하늘까지 뻗쳐서 대지가 모두 녹아내릴 듯했고, 밤에는 서쪽으로부터 서늘한 바람이 불어와 뼈와 살이 바늘에 찔린 듯 아려 고통을 견딜 수 없었다.

쇠로 이루어진 절벽이 해안선을 따라 성벽처럼 늘어서 있는 가운데 쇠로 만든 거대한 문 하나가 굳게 잠겨 있었다. 사람을 잡아먹을 듯이 무시무시한 얼굴의 문지기가 창과 쇠몽둥이를 들고 성문을 지키고 있었다. 성문 안에 사는 사람들은 쇠로 집을 짓고 살았는데, 낮에는 살이 문드러질 듯이 뜨겁고 밤에는 몸이 얼어붙을 듯이 추웠기에 아침저녁으로만 꿈적거리며 웃고 떠들었는데, 그렇다고 특별히 고통스럽게 지내는 것 같지는 않았다.

박생이 놀랍고도 두려워 문 앞에서 우물쭈물하고 있는데, 문지기가 박생을 소리쳐 불렀다. 박생이 경황없는 중에 부름을 거역하지 못하고 겁이 나서 몸을 잔뜩 웅크린 채 문지기에게 다가갔다. 문지기는 창을 곧추세우고 이렇게 물었다.

"뭐 하는 사람이오?"

박생은 벌벌 떨면서 이렇게 대답했다.

"조선 경주에 사는 박 아무개입니다. 어리석은 일개 선비가 감히 신령스런 나리께서 계시는 곳을 침범했습니다. 죄 받아 마땅하고 벌 받아 마땅하오나 너그러이 용서해 주시길 비옵나이다."

엎드려 절하기를 거듭하며 무례하게 침범한 점에 대해 용서를 빌었다. 그러자 문지기가 이렇게 말했다.

"선비라면 마땅히 어떤 위세에도 굴하지 않아야 하거늘 왜 이리 비굴하게 군단 말이오? 우리가 식견 있는 군자를 만나 보고자 한 지 오래되었소. 우리 임금 역시 그대 같은 사람을 만나 동방에 뭔가 알릴 말씀이 있다고 하셨소. 잠깐 앉아 보시오. 그대가 왔다는 소식을 임금께 아뢰고 올 테니."

문지기는 말을 끝내자마자 빠른 걸음으로 들어가더니 잠시 뒤에 나와 이렇게 말했다.

"임금께서 편전(便殿: 임금이 평상시에 거처하는 궁전)에서 그대를 맞이하겠다고 하시오. 그대는 아무 거리낌 없이 바른 말로 대답해야지, 우리 임금의 위엄에 눌려 하고 싶은 말을 숨겨서는 안 될 것이오. 그래야 우리나라 인민들도 큰 도의 요체를 들어 볼 수 있을 것 아니겠소."

이윽고 검은 옷을 입은 동자 하나와 흰 옷을 입은 동자 하나가 각각 문서를 들고 나왔다. 문서 하나는 검은 종이에 푸른 글씨가 적혀 있었고, 다른 하나는 흰 종이에 붉은 글씨가 적혀 있었다. 동자들이 박생의 앞에 문서를 펼쳐 보여 주었다. 박생이 붉은 글씨가 적힌 문서를 보니 자신의 이름이 있었는데, 다음과 같이 적혀 있었다.

현재 조선에 사는 박 아무개는 현생(現生)에 지은 죄가 없으므로, 마땅히 이 나라의 인민이 될 수 없다.

박생이 물었다.
"제게 보여 준 문서가 무엇입니까?"
동자가 말했다.
"검은 종이의 문서는 악인의 이름을 적은 명부(名簿)이고, 흰 종이의 문서는 선인의 이름을 적은 명부입니다. 선인 명부에 이름이 오른 분은 우리 임금이 선비를 초빙하는 예로써 맞이하고, 악인 명부에 있는 자는 비록 죄를 더 주지는 않지만 노비를 대하는 법에 따라 대우합니다. 임금께서 선비를 보신다면 지극한 예로 맞이하실 겁니다."

그렇게 말하고는 명부를 가지고 안으로 들어갔다.

이윽고 눈 깜짝할 사이에 회오리바람을 바퀴로 단 으리으리한 수레가 나타났다. 수레 위에는 연꽃 모양의 좌석이 있었다. 예쁜 동자와 아리따운 여인이 먼지떨이와 양산을 받쳐 든 채 박생 곁에 서고, 무장한 병사들이 창을 휘두르며 "물렀거라!" 소리를 쳐 길을 열었다.

박생이 손을 들어 이마에 받치고 바라보니 저 멀리 쇠로 만든 세 겹의 성이 보였다. 높디높은 궁궐이 황금으로 이루어진 산 아래 있었고, 화염이 하늘에 닿도록 활활 타오르고 있었다. 길가를 돌아보니 사람과 짐승들이 화염 속에서 녹아내린 구리와 쇠를 진흙 밟듯이 밟고 다녔다. 그러나 박생의 앞으로 난 수십 걸음 정도의 길은 대리석을 깐 것처럼 반듯했고, 녹아내린 쇠나 맹렬한 불길이 전혀 없었다. 신령스런 힘으로 그렇게 바꾸어 놓은 듯했다.

왕이 사는 성에 도착해 보니 사방의 문이 활짝 열려 있었다. 연못이며 정자의 모습이 인간 세계의 것과 다름이 없었다. 두 사람의 미인이 나와서 박생에게 절하더니 양쪽에서 부축하여 궁궐 안으로 인도했다.

왕은 통천관(通天冠: 임금이 쓰는 관)을 쓰고 옥으로 만든 띠를 띤 채 규(珪)7를 들고서 계단을 내려와 박생을 맞이했다. 박생이 땅에 엎드려 감히 올려다보지 못하자, 왕이 이렇게 말했다.

"우리가 사는 땅이 달라 서로 간섭할 수 없거늘, 이치를 깨달은 군자가 어찌 위세에 눌려 몸을 굽힌단 말이오?"

그러고는 박생의 소매를 잡고 왕좌가 있는 단상 위로 오르게 했다. 단상에는 박생이 앉을 의자가 따로 마련되어 있었는데, 옥으로 만든 팔걸이가 달린 황금 의자였다.

왕과 박생이 자리를 정해 앉자 왕이 시종을 불러 차를 내오게 했다. 박생은 곁눈질로 보니 차는 구리를 녹여 만든 것이고, 과일은 쇠구슬이었다. 박생은 놀랍고도 두려웠으나 피할 도리가 없어 그들이 하는 대로 가만히 보고 있자니, 박생의 앞에 내온 것은 향기로운 차와 먹음직스런 과일로, 그 향기가 모락모락 궁궐 안을 가득 채우고 있었다.

차를 다 마시고 왕이 말했다.

"선비는 여기가 어딘지 모르시겠소? 여기가 바로 염부주(炎浮洲)8_란 곳이오. 궁궐 북쪽에 있는 산은 바로 옥초산(沃焦山)9_이라오. 이 섬은 남쪽에 있기에 남염부주(南炎浮洲)라고 부르오.

7_ 규(珪): 위가 둥글고 아래가 모난 길쭉한 옥으로 만든 홀(笏). 나라에 큰 일이 있을 때 왕이 이것을 손에 들고 나와 신표(信標)로 삼았다.
8_ 염부주(炎浮洲): 수미산(須彌山)을 둘러싸고 있는 사방의 바다 속에 사대주(四大洲)가 있는데, 동쪽은 승신주(勝身洲), 서쪽은 우화주(牛貨洲), 남쪽은 염부주, 북쪽은 구로주(俱盧洲)라 한다고 한다. 염부주 아래에 염라국(閻羅國)이 있다고 한다.
9_ 옥초산(沃焦山): 큰 바다 속에 있다고 하는 상상의 산. 바닷물이 증가하지 않는 것은 이 산이 바닷물을 흡수하기 때문이라고 한다. '옥초'(沃焦)는 바다 밑에 있는, 물을 흡수하는 돌 이름인데, 그 아래에 있는 무간지옥(無間地獄)의 불기운으로 말미암아 늘 뜨겁게 타고

'염부'(炎浮)라는 이름은 화염이 활활 타올라 항상 하늘 위에 떠 있으므로 그렇게 부른 거요.

　　내 이름은 염마(燄摩)[10]라고 하는데, 화염에 휩싸여 있다고 해서 붙은 이름이오. 이 땅의 임금이 된 지도 벌써 만 년이 넘었구려. 수명이 길고 신령스러워 마음 가는 대로 모든 일에 신통하고, 하고자 마음만 먹으면 뜻대로 되지 않는 일이 없소. 창힐(蒼頡)[11]이 문자를 만들었을 때에는 우리 인민을 보내 곡하였고, 석가(釋迦)가 성불(成佛)할 때에는 우리 무리를 보내 보호해 주었소. 삼황(三皇)[12]·오제(五帝)[13]와 주공(周公)·공자(孔子)에 대해서는 이들이 도를 가지고 자신을 지켰기에 내가 그 사이에서 보탬을 줄 것이 없었소."

　　박생이 물었다.

　　"주공·공자·석가는 어떤 분입니까?"

　　왕이 대답했다.

　　"주공과 공자는 중국 문명 세계의 성인(聖人)이요. 석가는 서역(西域: 인도) 간흉한 세계의 성인이오. 문명사회가 비록 밝다 하나 사람의 본성에 순수하고 잡박한 차이가 있으므로 주공과 공자가 바른 길로 인도하신 것이오. 또한 미개 사회가 비록 어둡다 하나 사람의 기질에 예민하고 둔한 차이가 있으므로 석가가 올바르게 되도록 깨우친 것이오.

있다고 한다.
10_ 염마(燄摩): 산스크리트 어 '야마'(Yama)의 한자 표기. '염라'(閻羅)나 '염마'(閻魔)로도 표기한다.
11_ 창힐(蒼頡): 황제(黃帝)의 신하로, 한자를 처음 만들었다는 사람.
12_ 삼황(三皇): 중국 고대의 천자(天子)인 복희씨(伏羲氏)·신농씨(神農氏)·황제(黃帝).
13_ 오제(五帝): 중국 고대의 천자인 소호(少昊)·전욱(顓頊)·제곡(帝嚳)·요(堯)·순(舜).

주공과 공자의 가르침은 올바름〔正〕으로 사악함〔邪〕을 물리친 것이요, 석가의 법은 사악함을 동원하여 사악함을 물리친 것이오. 올바름으로 사악함을 물리치기에 그 말이 정직하고, 사악함으로 사악함을 물리치기에 그 말이 허황되지요. 주공과 공자의 가르침은 정직하므로 군자가 따르기 쉽고, 석가의 말은 허황되므로 소인이 믿기 쉽다 하겠소. 하지만 그 지극한 경지에 이르러서라면 두 가지 모두 군자와 소인으로 하여금 마침내 올바른 도리로 돌아가게 하니, 세상을 어지럽히고 사람을 속여 이단의 도리로 사람을 그르치게 한 적이 없다오."

박생이 또 물었다.

"귀신(鬼神)에 대해서는 어떻게 생각하십니까?"

왕이 대답했다.

"'귀(鬼)라는 것은 음(陰)의 신령이요, '신'(神)이라는 것은 양(陽)의 신령이오. '귀'와 '신'은 조화의 자취요, 음양(陰陽)의 타고난 능력이오. 살아 있으면 인물(人物: 사람과 모든 생명체)이라 하고 죽으면 귀신이라 하지만, 그 근본 이치인즉 다르지 않소."

박생이 말했다.

"세상에는 귀신에게 제사 지내는 의식이 있는데, 제사를 받는 귀신과 조화를 부리는 귀신은 다른 것입니까?"

왕이 대답했다.

"다르지 않소. 선비는 왜 그걸 모르시오? 옛날의 유학자는 이렇게 말하였소.

'귀신은 형체도 없고 소리도 없다. 그러나 모든 만물의 시작과 끝은 음과 양이 모이고 흩어지는 데서 비롯된다.'14_

천지에 제사 지내는 것은 음양의 조화를 공경해서이고, 산천에 제사 지내는 것은 기운의 변화에 보답하기 위해서요. 조상에게 제사 지내는 것은 근본을 주신 데 보답하기 위해서이고, 육신(六神)15_에 제사 지내는 것은 재앙을 면하기 위해서요. 이런 제사들은 모두 사람들로 하여금 공경하는 마음을 가지게 하오. 귀신은 형체가 있는 존재도 아니요 사람에게 재앙이나 복을 더해주지도 않지만, 어떤 때에는 귀신의 기운이 엄습해 오는 듯도 하고 귀신이 바로 곁에 있는 듯이 느껴질 때도 있소. '귀신을 공경하되 멀리한다'(『논어』「옹야」雍也)라고 한 공자의 말이 바로 이런 뜻이오."

박생이 말했다.

"세상에는 사악한 기운을 가진 요망한 도깨비가 나타나 사람들을 해코지하거나 호리는 일이 있는데, 이런 도깨비도 귀신이라 할 수 있습니까?"

왕이 대답했다.

"'귀'(鬼)라는 것은 움츠림을 말하고, '신'(神)이라는 것은 폄

14_ 귀신은 형체도 없고~흩어지는 데서 비롯된다: 『중용장구』(中庸章句)에 나오는, 주희(朱熹)의 말.
15_ 육신(六神): 동서남북과 중앙의 다섯 방위를 지킨다는 청룡(青龍)·백호(白虎)·주작(朱雀)·현무(玄武)·구진(句陳)·등사(螣蛇)의 여섯 신. 청룡은 동, 백호는 서, 주작은 남, 현무는 북, 구진과 등사는 중앙을 지킨다.

을 말하오. 움츠리고 펴기를 자유로이 하는 것은 천지자연의 변화를 주관하는 '신'인 게고, 움츠러들어 펴지 못하는 것은 나쁜 기운이 뭉쳐 있는 '귀'인 것이오. '신'은 천지자연의 변화와 합치하므로 음양의 조화와 시종 함께하여 아무런 자취가 없고, '귀'는 나쁜 기운이 뭉쳐 있으므로 사람이나 사물에 붙어 원한을 드러내면서 형체가 있는 법이라오.

산도깨비를 '초'(魈)라 하고, 물도깨비를 역(蜮)이라 하며, 수석(水石)의 도깨비를 '용망상'(龍罔象)이라 하고, 목석(木石)의 도깨비를 '기망량'(夔魍魎)이라 하오. 또 만물을 해코지하는 건 '여'(厲)라 하고, 만물을 번뇌하게 만드는 건 '마'(魔)라 하며, 만물에 깃들여 사는 건 '요'(妖)라 하고, 만물을 현혹시키는 건 '매'(魅)라 하오. 이 모든 것이 '귀'요.

음양에 통하여 그 변화를 헤아릴 수 없는 것을 '신'이라 하니, '귀신'의 '신' 또한 그 뜻이오. '신'이라는 것은 오묘한 작용을 말한 것이고, '귀'라는 것은 근본으로 돌아감을 말한 것이오.

하늘과 사람은 그 이치가 하나이고, 눈에 보이는 세계와 보이지 않는 세계에는 경계가 없소. 그리하여 근본으로 돌아감을 '정'(靜: 고요함)이라 하고, 천명을 회복함을 '상'(常: 일정함, 떳떳함)이라 하며, 처음부터 끝까지 내내 움직여 변화하면서도 그 조화의 자취를 알 수 없는 것, 이것을 바로 '도'(道)라 하오. 그러므로 '귀신의 덕이 참으로 성대하도다!'(『중용』)라는 말이 있는 것이오."

박생이 또 물었다.

"제가 부처를 믿는 이들에게 듣자니, 천상에는 천당이라는 쾌락의 땅이 있고, 지하에는 지옥이라는 고통의 땅이 있다고 합니다. 또 저들은 저승에 있는 시왕(十王)[16]이 열여덟 개의 지옥에 갇힌 죄수들을 벌준다고도 합니다. 정말 이런 일이 있습니까?

또 사람이 죽고 나서 칠 일 뒤에 불공을 드리고 재(齋)를 베풀면 그 혼령을 극락으로 인도할 수 있고, 대왕(염라대왕)께 제사를 바치며 지전(紙錢)을 태우면 죽은 자의 죄를 용서 받을 수 있다고도 합니다. 아무리 간사하고 포악한 자라도 대왕께서는 너그러이 용서해 주실 수 있습니까?"

왕이 깜짝 놀라 이렇게 말했다.

"그런 얘긴 나도 처음 들어 보오. 옛사람이 이런 말을 하지 않았소.

'한 번 음(陰)이 되었다가 한 번 양(陽)이 되는 것을 '도'(道)라 하고, 한 번 열렸다가 한 번 닫히는 것을 '변'(變)이라 한다. 만물을 낳고 또 낳는 것을 '역'(易)이라 하고(『주역』「계사전」), 망령됨이 없는 것을 '성'(誠)이라 한다.'[17]

그렇다면 어찌 건곤(乾坤: 천지, 우주) 밖에 다시 건곤(乾坤)이 있으며, 천지 밖에 또 천지가 있을 수 있겠소?

---

[16] 시왕(十王): 명부(冥府)에 있다는 진광왕(秦廣王)·초강왕(初江王)·송제왕(宋帝王)·오관왕(五官王)·염라왕(閻羅王)·변성왕(變成王)·태산왕(泰山王)·평등왕(平等王)·도시왕(都市王)·전륜왕(轉輪王)의 열 임금. 인간이 세상에 있을 때 저지른 죄의 경중(輕重)을 이들이 정한다고 한다.
[17] 망령됨이 없는 것을 '성'(誠)이라 한다: 『중용장구』의 주자주(朱子註)에서 따온 말.

또 왕이란 것은 천하 만민이 그에게 귀의함을 가리키는 말이오. 삼대(三代)[18] 이전에는 인민의 주인을 모두 왕이라고 할 뿐 다른 명칭이 없었소. 공자가 『춘추』(春秋)라는 역사책을 편찬하여 역대 제왕들이 바꿀 수 없는 큰 법을 세우면서, 주(周)나라 왕실을 높여서도 천왕(天王)이라 했을 따름이니 왕이라는 명칭 이상의 것은 없다 하겠소.

그러나 진시황은 전국 시대(戰國時代)의 여섯 나라를 멸하고 중국을 통일한 뒤, 자신이 삼황(三皇)의 덕을 겸비하고 오제(五帝)보다 높은 공을 세웠다며 왕이라는 명칭 대신 황제라는 명칭을 사용했소. 이 시절에 이르러 분수에 넘치는 칭호를 사용하는 자들이 자못 많아졌으니, 위(魏)나라와 초(楚)나라 군주들이 바로 그러했소. 그 이후로는 왕이라는 이름을 아무나 어지럽게 사용하여, 주나라 문왕(文王)·무왕(武王)·성왕(成王)·강왕(康王) 같은 훌륭한 군주들의 명예로운 칭호였던 '왕'의 가치가 땅에 떨어지고 말았소.

세상 풍속이 무식해서 서로 간에 인정으로 호칭을 높여 부르는 일이야 구태여 말할 것도 없지만, 신(神)의 세계에서라면 오히려 법도가 엄하거늘, 어찌 한 지역 안에 왕이란 자가 이렇게 많을 수 있겠소? '하늘에는 두 개의 해가 있을 수 없고, 나라에는 두 사람의 왕이 있을 수 없다'라는 말을 선비는 들어 보지 못

18_ 삼대(三代): 고대 중국의 하(夏)·은(殷)·주(周)의 세 왕조.

했소?

그러니 앞서 내게 물은 말들은 믿을 게 못 되오. 재를 베풀어 혼령을 인도하고 대왕에게 제사를 지내며 지전을 태운다고 했는데, 나는 그런 일을 하고 있는지 통 모르고 있었소. 선비께서 한번 인간 세상의 요망한 일들을 말해 주시면 좋겠구려."

박생이 예를 표하느라 약간 뒤로 물러나 앉더니 옷깃을 여미고는 이렇게 말했다.

"인간 세계에서는 부모가 돌아가신 지 49일이 되는 날이면 신분이 높은 사람이건 낮은 사람이건 간에 상례(喪禮)와 장례(葬禮)를 절차대로 올리지 않고, 오로지 절에 가서 재(齋)를 베풀려고만 합니다.

부자들은 지나치게 돈을 쓰며 남에게 자랑하고, 가난한 이들은 땅과 집을 팔고 돈과 곡식을 빌리면서까지 재를 준비합니다. 사람들은 종이에 그림을 그려 깃발을 만들고, 비단을 오려서 꽃을 만든 뒤, 승려들을 불러다 복을 빕니다. 또 조각상을 세워 놓고 저승길을 인도하는 사람이라 하고는 범패(梵唄)[19]를 부르고 염불을 외는데, 그 소리를 들어 보면 새가 짹짹거리고 쥐가 찍찍거리는 듯한 게 무의미한 말들입니다.

상주(喪主)는 이 날 아내와 아이들을 이끌고 와서 친척과 친구들을 모두 불러 모으니, 이제 남녀가 뒤섞여 바닥에는 똥오줌

19_ 범패(梵唄): 부처의 공덕을 찬미한 노래.

이 낭자합니다. 결국 정토(淨土: 깨끗한 땅)가 변하여 오물 천지가 되고, 적멸도량(寂滅道場: 성스러운 절)이 변하여 떠들썩한 시장판이 되고 마는 것이지요.

또 이른바 '시왕'이란 이들을 부른다고 해서 음식을 마련하여 제사 지내고, 지전(紙錢)을 태워 죽은 이의 속죄를 빈다고 합니다. '시왕'이란 이들은 예의염치를 돌보지 않는 자들이라서 욕심을 채우고자 걸맞지 않는 돈과 음식을 받는답니까? 마땅히 자기들의 법도에 맞추어 법에 따라 벌을 내리지 않겠습니까?

이런 일들을 과연 어떻게 보아야 할지 참으로 답답하기에 감히 말씀을 올리니, 가르침을 주시기 바랍니다."

왕이 말했다.

"허어! 그 지경에 이르렀군요! 사람이 태어나매 하늘은 본성을 부여하고, 땅은 생명을 주어 기르며, 임금은 법으로 다스리고, 스승은 도리로 가르치며, 부모는 은혜로 기르오. 이로 말미암아 오륜(五倫)에 질서가 있고, 삼강(三綱)에 문란함이 없게 되었소. 삼강오륜을 따르면 상서롭고, 거스르면 재앙이 생겨나니, 상서와 재앙은 사람이 삼강오륜을 어떻게 받아들이느냐에 달려 있을 뿐이오.

사람이 죽기에 이르면 정기(精氣)가 흩어져 혼(魂)은 하늘로 올라가고, 백(魄)은 땅속으로 내려가 모두 근원으로 돌아가게 되어 있소. 그러니 어찌 혼백이 저승에 머물 수 있겠소? 물론 원한을 품은 혼령이나 비명횡사한 귀신이 제명에 못 죽어 자신의 기운을 펴지 못하고, 모래밭 싸움터에서 슬피 울거나 원한 품은 집에서 절절히 우는 일이 간혹 있기는 하오. 이들 혼령이나 귀신은 무당에게 깃들여 억울한 사연을 호소하기도 하고, 사람에게 의지해서 원망을 하소연하기도 하오. 그러나 비록 일시적으로 정신이 흩어지지 않았다 해도 결국에는 무(無)로 귀결되고 마니, 죽은 사람이 형체를 빌려 저승에 가고 또 거기서 형벌을 받는 일이 어찌 일어날 수 있겠소? 이런 일은 사물의 이치를 깊이 탐구하는 군자라면 마땅히 헤아려 알 수 있는 것이오.

부처에게 재를 올리고 시왕에게 제사 지내는 일 같은 것은 더욱 말도 안 되는 얘기요. '재'라는 건 맑고 깨끗함을 이르는 말이요, '왕'이라는 건 존엄함을 일컫는 말이오. 왕이 수레를 요구하고 금을 요구한 일은 『춘추』에서 비난받은 바 있거니와, 재를 올리며 금과 비단을 쓴 일은 한(漢)나라와 위(魏)나라 시대에 시작되었소. 생각해 보시오. 맑고 깨끗한 신이 속세 인간의 공양을 받을 리 있겠소? 존엄한 왕이 죄인의 뇌물을 받을 리 있겠소? 저승의 귀신이 인간 세상에서 저지른 죄를 용서해 줄 수 있겠소? 이런 일 또한 사물의 궁극적인 이치를 탐구하는 선비라면 마땅히 헤아려 알 수 있는 것이오."

박생이 또 물었다.

"윤회(輪回)가 그치지 않아 이승에서 죽은 뒤 저승에서 산다는 말에 대해 여쭈어 볼 수 있겠습니까?"

왕이 대답했다.

"정령(精靈)이 흩어지지 않는다면 윤회가 있을 듯도 하오. 하지만 오랜 시간이 지나면 결국 정령도 흩어져 사라지고 마오."

박생이 물었다.

"임금께서는 어떻게 이런 이역 땅에서 왕이 되셨습니까?"

왕이 대답했다.

"나는 세상에 있을 때 임금께 충성을 다하며 온 힘을 다해 도적을 토벌했는데, 그때 이렇게 맹세한 일이 있소.

'내가 죽으면 귀신이 되어서라도 도적을 모두 죽이리라!'

죽어서도 내 소원이 다 이루어지지 않았고 충성스런 마음도 사라지지 않았기에, 이런 흉악한 땅에서 임금 노릇을 하게 된 것이오. 지금 이 땅에 살며 나를 우러르는 자들은 모두 전생에 임금이나 부모를 죽이는 등 온갖 간사하고 흉악한 짓을 벌인 무리들이라오. 이들은 이곳에 살며 나의 통제를 받아 그릇된 마음을 바로잡으려 하고 있소. 정직하고 사심 없는 사람이 아니면 이 땅에서는 하루도 임금 노릇을 할 수 없소.

그대는 정직하고 뜻이 고상하여 인간 세상에 있으면서 남의 위세에 굴하지 않는 진정한 달인(達人)이라고 들었소. 그럼에도 세상에 한 번 뜻을 펼쳐 보이지 못했으니, 그야말로 천하의 보배로운 옥이 황야에 버려지고 연못 깊이 가라앉아 있는 것과 같은 신세구려. 훌륭한 장인(匠人)을 만나기 전에야 누가 천하의 보물을 알아볼 수 있겠소? 참으로 안타깝소!

나 역시 운수가 다해서 곧 이 세상을 뜰 운명이고, 그대 또한 타고난 수명이 다해서 땅에 묻히게 될 터, 이 나라의 임금이 될 사람이 그대 말고 누가 있겠소?"

그렇게 말하고는 잔치를 열어 흥겹게 즐겼다. 그러던 중에 왕이 박생에게 삼한(三韓: 우리나라)의 역대 왕조가 흥하고 망한 이유를 물었다. 박생이 역대 왕조의 흥망사를 하나하나 진술하다가 고려가 창업하게 된 연유를 언급하기에 이르자, 왕이 거듭 탄식하며 이렇게 말했다.

"나라를 가진 자는 폭력으로 인민을 위협해서는 안 되오. 인민이 비록 두려워하여 명령에 따르는 듯 보이지만 속으로는 반역할 마음을 품어 시간이 흐르면 결국 큰 재앙이 일어나게 될 것이오. 덕 있는 자는 힘으로 군주의 자리에 나아가지 않소. 하늘이 비록 자상한 말로 사람을 깨우치지는 않지만 시종일관 일을 통해 보여 주거늘, 이를 보면 하늘의 명(命)이 엄하다는 걸 알 수 있소.

무릇 나라는 인민의 것이요, 명은 하늘이 내리는 것이오. 천명(天命)이 이미 임금에게서 떠나고 민심이 이미 임금에게서 떠나간다면, 비록 몸을 보전하고자 한들 어찌 보존할 수 있겠소?"

또 박생이 역대 제왕들이 이교(異敎)를 숭상하다가 재앙을 당하기에 이른 일을 말하자, 왕은 이마를 찌푸리며 이렇게 말했다.

"인민이 태평가를 부르는데도 홍수가 나고 가뭄이 드는 것은 하늘이 임금에게 언행을 삼가라고 거듭 경고하는 것이요, 인민들의 원성이 드높은데도 상서로운 징조가 보이는 것은 요괴가 임금에게 아첨하여 더욱 방종하도록 만드는 것이라오. 역대 제왕들이 상서로운 징조를 보던 날에 인민들이 편안해 했다고 하오, 원망하는 소리를 내더라고 하오?"

박생이 말했다.

"간신들이 벌 떼처럼 일어나고 큰 난리가 거듭 생기는데, 임금이 으름장을 놓거나 위선적인 방식으로 억지로 좋은 임금이라는 이름을 얻는다고 해서 나라가 편안할 리가 있겠습니까?"

왕이 한참이나 탄식하더니 이렇게 말했다.

"그대 말씀이 옳소."

잔치가 끝나고 왕이 박생에게 왕위를 물려주고자 손수 명령하는 글을 지었다. 그 글은 다음과 같다.

염부주, 이곳은 풍토병이 심하여 살기 힘든 땅이라 우왕(禹王)의 발자취[20]도 미치지 못했고, 목왕(穆王)의 준마(駿馬)[21]도 이르지 못하였도다. 이곳은 붉은 구름이 해를 뒤덮고 독기 서린 안개가 하늘을 가로막아, 목마르면 펄펄 끓는 쇳물을 마셔야 하고, 배고프면 시뻘겋게 달궈진 쇳덩이를 먹어야 하며, 야차(夜叉)와 나찰(羅刹)[22]이 아니면 땅에 발을 댈 수가 없고, 도깨비 무리가 아니면 그 기운을 뜻대로 펼 수 없도다. 불길에 휩싸인 성곽이 천 리에 뻗었고, 쇠로 이루어진 산이 만 겹이나 놓여 있도다. 인민의 풍속은 억세고 사나워 정직한 이가 아니면 그 간사함을 분간해 낼 수 없고, 지세(地勢)는 극도로 험준하여 신령스런 위엄을 갖춘 이가 아니면 교화를 베풀 수 없도다.

아아! 조선의 선비 그대는 정직하고 사심이 없으며, 굳세고 결단력이 있으며, 마음속에 아름다운 덕이 가득하고, 어리석은 이를 일깨울 재주가 있도다. 살아생전에 비록 영예를 누리지 못하였으나, 죽은 뒤에 다스림의 법도가 환히 빛나리로다. 우리 인민이 길이 의지할 사람, 그대 아니면 누가 있을까. 덕으로 이끌고 예의로 가지런히 하여 우리 인민을 지극한 선으로 이끌 것이며, 몸소 실천하고 마음으로 체득하여 평화로운 세상을 만들어야 하리로다.

---

[20] 우왕(禹王)의 발자취: 하(夏)나라 우왕이 홍수를 다스리기 위해 동분서주하여 그 발자취가 중국 전역에 미치지 않은 곳이 없었다고 한다.
[21] 목왕(穆王)의 준마(駿馬): 주나라 목왕이 여덟 마리의 준마를 타고 중국 전역을 두루 다녔다는 고사가 있다.
[22] 야차(夜叉)와 나찰(羅刹): 사람을 해치는 악귀(惡鬼)의 종류.

하늘이 세상에 왕을 세운 뜻을 본받고, 요(堯)임금이 순(舜)임금에게 왕위를 물려준 뜻을 거울삼아 왕위를 물려주나니, 그대는 삼가 이 명을 받을지어다!

박생이 왕의 명을 받들어 공손히 두 번 절하고 물러나왔다. 왕은 신하와 인민들에게 명을 내려 박생에게 축하 인사를 올리게 하고, 태자(太子)를 대우하는 예로 박생을 전송하였다.
왕은 또 박생에게 이런 명을 내렸다.
"머잖아 돌아오게 될 거요. 수고롭겠지만 한번 가서서 오늘 나눈 이야기를 인간 세상에 널리 퍼뜨려 주었으면 하오. 황당무계한 일들이 완전히 사라지도록."
박생이 다시 두 번 절하여 사례하고는 이렇게 말했다.
"명을 받들어 널리 알리도록 하겠습니다."
이윽고 박생이 문을 나와 수레를 타고 가는데, 수레를 몰던 이가 잘못하여 수레가 전복되고 말았다. 수레에서 떨어진 박생이 땅에 엎어졌다가 놀라 일어나 보니, 모든 것이 한바탕 꿈이었다. 눈을 크게 뜨고 살펴보니 책이 책상 위에 널브러져 있고, 등불이 깜박이고 있었다.
박생은 의아한 마음에 한참 동안 이런저런 생각을 하다가 자신이 곧 죽게 되리라는 것을 깨닫고, 죽기 전에 집안일을 처리하는 데 마음을 쏟으며 하루하루를 보냈다.

　두어 달 뒤, 박생이 병들어 자리에 눕게 되었다. 박생은 일어날 수 없음을 알고 의원(醫員)이며 무당을 모두 물리친 채 죽음을 맞이하였다. 박생이 죽던 날 밤에 사방 이웃 사람들의 꿈에 신령이 나타나서 이렇게 말했다고들 한다.

　"네 이웃에 사는 박 공(朴公)이 곧 염라왕이 되실 것이다."

이 작품은 작자 김시습의 사상을 반영한, 일종의 철학소설이다. 또한, 이 작품에는 세조(世祖) 치하의 현실을 우의적으로 비판하고 있는 대목도 있다. 김시습은 애민적(愛民的) 정치사상을 가지고 어진 정치를 강조했던 당시의 가장 대표적인 지식인이었는데, 그의 이런 면모가 이 작품에 잘 나타나 있다.

해설

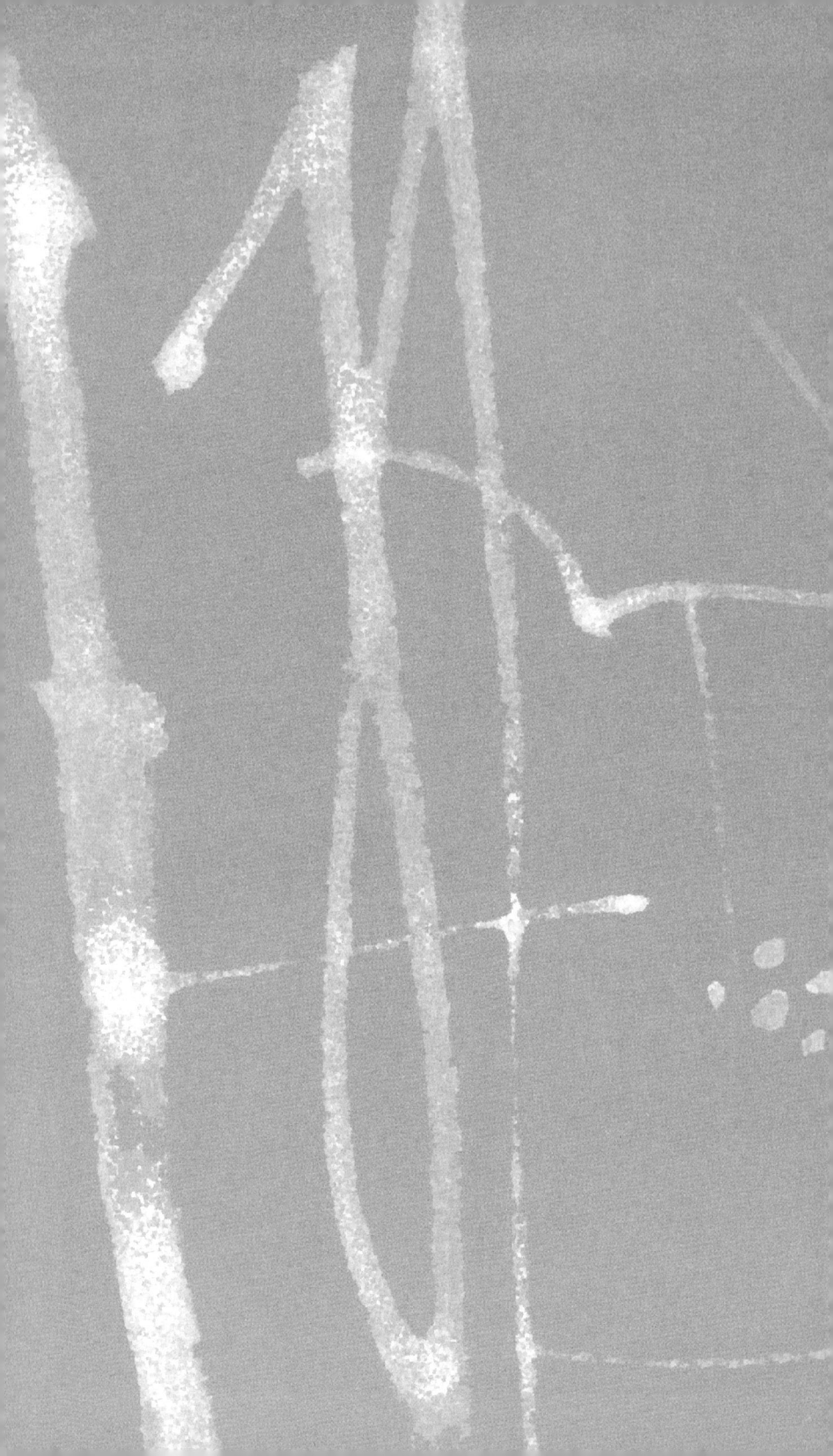

1

매월당 김시습(梅月堂 金時習, 1435~1493)은 조선 전기를 대표하는 시인이요, 비판적 지식인이다. 더욱이 걸작 소설 『금오신화』(金鰲新話)로 인하여 고전에 약간이라도 관심이 있는 한국인이라면 누구나 그 이름을 알고 있는, 몇 안 되는 고전 작가 중 한 분이기도 하다.

김시습의 삶을 조명할 때면 두 가지 일화가 늘 언급된다. 하나는 유년기의 일이고, 다른 하나는 20세 무렵의 일이다. 김시습의 일생을 특징짓는 두 일화로 말미암아 김시습은 비운의 천재, 절의(節義)의 상징으로 알려져 있다.

유년기의 일이란 바로, 천하의 신동이라는 명성이 퍼져 세종대왕의 부름을 받고 격려 받은 일을 말한다. 시를 잘 짓는 신동이 있다는 소문에 우의정 허조(許稠, 1369~1439)는 한미한 가문의 김시습을 몸소 찾아 그 재주를 시험해 보았고, 급기야 세종의 부름을 받아 그 앞에서 시를 짓게 되었던 것이다. 세종은 다음의 말로 김시습을 격려하였다.

"집으로 돌려보내 아이의 재주를 밖으로 드러내지 않도록 하며, 가르치기를 부지런히 하도록 하여라. 장성하여 학업이 성취되기를 기다려 이 아이를 크게 쓰리라."

「양양부사 유자한에게 속마음을 토로하여 올린 편지」의 상세한 기술 덕분에 이 일은 김시습이 아홉 살 되던 무렵의 일로 추정된다. 하지만 이 일은 민간에 김시습이 다섯 살 때의 일로 알려졌고, 임금에게 칭찬 받은 재주꾼의 이름을 함부로 부를 수 없어 김시습을 '오세'(五歲)라고 불렀다는 이야기가 널리 퍼졌다. 아마도 허구일 테지만, 세종대왕이 비단 오십 필을 상으로 내리며 혼자 힘으로 가져가라고 하자, 비단을 풀어 한 장 한 장 묶어서 허리춤에 묶은 채 끌고 나갔다는 이야기까지 생겨났다. 이 책에 수록된 「홀로 부르는 여섯 노래」나 「나의 일생」 같은 시에도 거듭 기술되어 있거니와, 유년기 때 세종대왕의 큰 격려를 받았던 이 일은 김시습 스스로에게도 가장 소중한 기억으로, 일종의 '원체험'(原體驗)으로 자리 잡고 있다.

청년기의 일은 세조(世祖)의 왕위 찬탈 사건과 관련된다. 세조는 1453년(단종 원년) 10월, 이른바 계유정난(癸酉靖難)을 일으켜 정권을 장악했고, 2년 뒤인 1455년에 마침내 단종의 왕위를 빼앗았다. 김시습은 당시 성균관(成均館) 학생으로서 과거 준비를 하다가 한 차례 낙방한 뒤로 줄곧 삼각산 중흥사(重興寺)에 머물며 과거 공부를 하고 있었다. 세조의 왕위 찬탈 소식을 전해 들은 21세의 김시습은 방 안에 틀어박혀 있다 사흘 만에 나오더니, 큰소리로 울부짖으며 책을 모두 불사르고 발광하여 뒷간에 뛰어들었다가 절을 뛰쳐나갔다. 마음 둘 곳 없는 방랑이 시작되는 순간이다.

> 스무 살 되기 전에 문무를 배웠거늘
> 시원찮은 선비 모양 하기 싫었지.
> 자고 나니 쌓은 공부 뜬구름 되어
> 물결 가는 대로 떠도니 뉘와 함께할꼬.
>
> ―「홀로 부르는 여섯 노래」 중에

왕위 찬탈이란, 전통적인 유가(儒家) 이념에 비추어 볼 때 세상의 근본적인 도리가 무너졌음을 의미한다. 책을 불사른 행위는 더 이상 유가 경전과 그에 대한 공부가 무의미함을 뜻하고, 뒷간에 뛰어들었다는 것은 단순한 발광의 결과라기보다는 더럽고 추악한 세상에 대한 주체할 수 없는 몸부림을 의미하는 듯하다. 세종대왕의 기대와 격려를 늘 가슴에 품고 살았던 김시습으로서는 그동안의 모든 꿈과 노력이 하루아침에 무너지는 순간이었던 것이다. "세상과 나는 모순(矛盾)"이라는 김시습의 처절한 외침 또한 이때부터 시작된다.

김시습의 두 일화 중 앞의 것이 김시습의 영예와 드높은 자부심, 미래에의 희망찬 기대를 의미한다면, 나중 것은 암울한 현실, 현실에의 환멸감과 절망감을 의미한다고 하겠다. 영예와 기대가 컸던 만큼 환멸과 절망의 강도도 클 수밖에 없었다.

2

중흥사를 뛰쳐나온 김시습의 앞에는 평생 그치지 않을 방랑길이 놓여 있었다. 산 하나 넘으면 또 산 하나, 봇짐에 지팡이 비껴 메고 정처 없는 길을 가고 또 갈 뿐이었다.

온종일 짚신 신고 발길 닿는 대로 가노라니
산 하나 넘고 나면 또 산 하나 푸르네.
      —「짚신 신고 발길 닿는 대로」 중에

지팡이여 지팡이여, 까끄라기도 많지
너를 잡고 산 넘고 물 건너 천지 사방 떠돌았네.
북으론 말갈 땅, 남으론 해 뜨는 곳
시름 가득한 내 마음 묻을 곳 어디멘고?
해는 지고 길은 멀어 내 갈 곳 아득하니
어찌하면 바람 타고 구만 리 날아갈까?

―「홀로 부르는 여섯 노래」중에

    평안도로, 강원도로, 충청도와 전라도로, 경상도로, 일생 계속된 방랑길에서 김시습은 참으로 많은 시를 지었다. 현재 전하는 시만 2천 편이 넘는데, 대다수의 시가 길에서 지은 것들이다. 특히 전국의 산천을 떠돌며 느낀 소회를 담은 시들을 이 책에서는 '길 위의 노래'로 묶어 보았다.
    예민하고 자존심 강한 사람이라면 누구나 그렇겠지만, 김시습은 특히 자의식이 강한 인물이었다. 그의 시 도처에서 확인되는 '나는 누구인가'라는 물음은 이와 관련된다. 세상의 어떤 시인이 수없이 이런 질문을 했던가 싶을 정도로 '나'에 대한 물음은 끝없이 이어진다.

    이하(李賀)를 내려다볼 만큼
    조선 최고라고들 했지.
    드높은 명성과 헛된 기림
    어찌 네게 걸맞을까?
    네 몸은 지극히 작고
    네 말은 지극히 어리석네.
    네가 죽어 버려질 곳은

저 개울창이리라.

— 「나는 누구인가」

    중국 당나라의 천재 시인 이하(李賀, 790~816)를 내려다볼 만큼 조선 제일의 시인이라는 명성과 자부심이 있었지만, 그러나 작은 체구의 김시습은 세상에 몸 둘 곳이 없었다. 그런데 김시습은 세상의 구속을 거부한 '자유인'이요, 결단코 타협 없는 삶을 산 '절의의 상징'처럼 알려져 있지만, 실제 그가 남긴 글을 통해 본 그 마음은 대단히 복잡하다.

기쁜 건 내가 자연에서 늙어
세상의 시비 속에 떨어지지 않은 일.
흡사 구름 속에서
굳센 날개로 날아 새장을 벗어난 듯.

— 「비 오는 밤」 중에

    이처럼 세상을 경멸하며 유유자적 초연한 삶을 산 '자유인'의 면모가 있는가 하면, 울분과 고독에 휩싸여 아무런 이룬 것 없는 삶에 슬픔 어린 회한의 눈길을 돌리기도 한다.

우두커니 서서 근심스레 하늘 바라보니

나는 좁쌀만 한데 하늘은 어이 저리 아득한고.

내 삶은 어이하여 이리 고독하면서도

좋아하는 게 남들과 같지 못할까.

어허, 다섯째 노래여! 노래가 창자를 끊는다

돌아가고픈 이내 영혼 사방에 갈 곳 없네.

— 「홀로 부르는 여섯 노래」 중에

푸른 산 초가집 안

백발이 근심과 함께하네.

남들과 만나서는 항상 말없이

눈물 훔치며 아무 이룬 일 없음을 한탄하네.

장대하던 뜻은 해마다 줄어들고

나이만 들어 날마다 시들어 가네.

물어보자, 지금 세상에

나처럼 이룬 것 없는 이 몇이나 될지?

— 「밤에 부르는 노래」 중에

술에 취한 듯 울분과 슬픔을 잊고 살았으면 싶지만, 쉽지 않다. 인간 세상에 유배 온 신선이 아니고서야, 본래부터 세상 밖의 존재가 아니고서야, 세상 속에 섞여 사는 것이 이리도 힘들까 싶은 생각이다.

너는 술에 취해 깨어나지 말길
웃고 춤추면 온갖 생각 사라지나니.
―「몸과 그림자 2 – 그림자가 몸에게」 중에

나는 본시 신선 땅 나그네인데
인간 세상에 잘못 떨어진 신세.
―「인간 세상에 떨어져」 중에

이처럼 자기 존재에 대한 끝없는 물음과 자기규정이 담긴 시들을 이 책에서는 '나는 누구인가'라는 제목으로 묶었다. 신화화된 상징으로서가 아니라, 수많은 갈등 속에서 부끄럽지 않게 살고자 애썼던 쓸쓸한 존재로서의 고민이 그대로 전달되었으면 한다.

김시습은 방랑으로 일생을 보내면서도 제 한 몸 깨끗이 보전하며 세상을 방관하며 살 수는 없었다. 몸 빠른 이들, 마음 편히 사는 이들을 경멸하고, 인민의 참담한 현실에 가슴 아파하며 한 사람의 지식인으로서 어떻게 살아야 할 것인가를 늘 진지하게 고민했다.

> 가죽 벗겨 피 빨고 뼈까지 도려내고도
> 가진 자의 욕심은 하늘을 찔러 그칠 줄을 모르누나.
> (……)
> 그대들은 보지 못하는가
> 집 하나 지으면 열 집이 이산함을
> 머리에 이고 등에 지고 울며 비틀비틀 쫓겨가는 저 모습을.
> ―「가진 자의 욕심은 하늘을 찌르고」 중에

> 농사짓는 사내 땀 흘려 한 해 내내 일하고
> 양잠하는 여인 헝클어진 머리로 봄 내내 고생하네.
> 취한 사람, 배부른 사람, 잘 차려입은 사람
> 성안 가득 보이는 사람은 모두 편안하건만.
> ―「산골 농부의 괴로움 4」

김시습은 그리하여 세상에 펴고자 했던 애초의 뜻과 열정을 잊고 살 수 없었다. 길에서, 혹은 잠시 발길을 멈추고 세상을 바로잡을 생각을 가다듬으며 언젠가 올지 모를 기회를 기다렸다.

세상에 나고 들기를 삼가야 할 터
큰 뜻을 품으면 마침내 때를 만나리.

─「어지러운 세상」 중에

이처럼 세상을 향한 소회와 사라지지 않는 포부를 담은 시들을 모아 이 책에서는 '하늘에 묻는다'라는 제목으로 묶었다.

이제 세상에 나설 기회를 기다리는 선비로서 나라를 바로 세우기 위한 크고 작은 방책을 강구하지 않을 수 없다. 김시습은 일생 속세를 떠나 오연(傲然)한 자세로 세상을 내려다본 은자(隱者)도 아니요, 세상에 이름을 떨치기 위해 안달하던 속물도 아니었다. '군자(君子)의 진퇴'를 논한 다음 글은 곧 김시습 자신을 위한 것이기도 했을 것이다.

선비는 진퇴를 결정하기에 앞서 반드시 나의 진퇴가 의리에 부합하는지, 나의 진퇴로 말미암아 도를 실현하는 것이 가능한지를 헤아려 보아야 한다. 벼슬에서 물러났다 해서 현명한 것도, 벼슬에 나아갔다 해서 의심스러운 것도 아니요, 은거한다 해서 고상한 것도, 세상에 나와 이름을 떨쳤다고 해서 구차해지는 것도 아니다.

(……) 간교한 신하가 보다 큰 이익을 탐하여 벼슬을 사양하

는 체하며 임금의 마음을 얻는 일도 있고, 가짜 선비가 명성을 얻고자 은거하는 체하며 궁벽한 곳으로 몸을 숨기는 일도 있다.

이보다 더욱 심한 자는, 재주도 없고 덕도 없기에 세상에서 버림받은 처지이면서 스스로 궁벽한 곳에 은거한다 하고, 스스로 뭔가를 이룰 만한 능력은 조금도 없으면서 남이 이룬 일에 대해서는 미주알고주알 흠을 잡으며, 주위 사람들에게는 오만한 태도로 이렇게 말한다.

"나 역시 세상을 버리고 은거하는 사람이다!"

─「군자의 처신」 중에

자기 자신 세상에 버림받은 처지라 할 수 있었으면서도 스스로를 객관화해서 보며 마음을 다잡는 태도가 인상적이다.

인재를 발탁하여 적재적소에 기용하는 일이 긴요한 문제임을 밝힌 「인재가 없다는 걱정에 대하여」, 국가 재정을 충실하게 하는 방법을 논한 「나라 살림을 넉넉하게 하는 법」, 올바른 정치를 위한 기본 요건을 제시한 「최선의 정치」 등은 모두 어진 정치〔仁政〕에 관한 원론적인 논의로, 군주의 올바른 자세와 적극적인 실천, 순리를 강조한 글들이다. 특히 다음의 내용은 '법고창신'(法古刱新)이라 불러도 좋을, 전통과 개혁에 대한 김시습의 유연한 자세를 엿볼 수 있다고 생각된다.

옛날의 성인은 천하가 힘써야 할 일들을 훌륭히 이루어 냈다. 하지만 오늘날 사람들이 그 일을 두고 "왜 지금은 옛날처럼 하지 못하는가?"라고 말하는 것은 옳지 않다. 오늘날과 달리 옛날에는 그 시대에 맞는 예악(禮樂)이 잘 정비되어 있었기에 새로운 제도를 보탤 필요가 없었다.
이를 두고 다시 "옛날의 제도는 오늘날에 맞지 않다"라고 말하는 것 역시 옳지 않다. 물론 옛날의 제도를 그대로 답습하여 풍토와 습속에 알맞게 변통하지 않으면, 옛날의 제도를 궁구하여 오늘날에 부합하도록 만들 수 없다. 그러나 역대 제왕들이 고치지 않았던 불변의 법률과 격식에 대해서라면 신중하고도 엄숙한 태도로 살펴야 하는바, 억지로 고쳐서는 안 된다.

―「최선의 정치」중에

인민의 현실에 주목했던 지식인으로서 김시습이 정치의 근본을 인민에 두었던 것은 당연한 일이다. 「나라의 근본」과 「인민을 사랑해야 하는 이유」에 김시습의 이러한 생각이 집약적으로 드러나 있다.

하늘이 인민을 낳고

임금을 세우신 건

오직 인민을 받들어

사랑으로 기르라는 뜻.

(……)

하나가 여럿을 편안케 하란 거지

여럿이 하나 받들라는 게 아니었네.

인민을 나라의 근본이라 하나니

근본이 튼튼해야 그대가 편안한 법.

그대의 밥은

인민의 곡식이요

그대의 옷은

인민의 비단이요

그대의 집이며 수레는

인민의 힘에서 나온 것.

—「나라의 근본」 중에

인민이 자기 생산물에서 십분의 일을 바치는 이유는 군주가 총명함을 발휘하여 자신들을 잘 다스려 주리라 믿기 때문이다. 그러므로 군주는 음식상을 받으면 인민이 자기처럼 잘 먹고 있는지, 옷을 입으면 인민도 자기처럼 잘 입고 있는지를 생각한다. 궁궐 안에 있을 때에는 만백성이 편안히 지내고 있는지, 수레를 타고 나가서는 만백성이 평화롭고 경사로운지를 생각한다.

그러므로 "네가 입는 옷과 네가 먹는 음식은 인민의 고혈(膏血)이다"라는 말이 있다. 그리하여 군주는 평소에 무언가를 받을 때마다 미안하고 가엾은 마음이 드는 법이다.

—「인민을 사랑해야 하는 이유」 중에

김시습의 '애민'(愛民)이, 지식인들의 일반적인 생각과는 달리, 동정이나 시혜의 성격이 아님을 분명히 알 수 있다. 이처럼 어진 정치를 펴기 위한 기본 조건, 올바른 사람으로서 사는 길을 논한 문(文)을 모아 '어떻게 살까, 무엇을 할까'라는 제목으로 묶었다. '문'이란 오늘날 흔히 '산문'이라고 말하는 것으로, 시와 같은 운문(韻文) 외의 글을 총칭하는 말이다.

'어떻게 살까, 무엇을 할까'에는 인간과 자연, 우주에 대한 김시습의 사상을 담고 있는 세 편의 문, 곧「세상 만물을 사랑하는 길」·「귀신이란 무엇인가」·「태극을 말한다」도 아울러 실었는데, 근대적인 '인간중심주의'나 근대적인 자연관과는 다른 독특한 자연관, 오늘날의 자연 과학 내지 자연 철학의 내용과는 거리가 있지만 당대 지식인들이 공유했던 우주 자연의 이치에 대한 관념을 확인할 수 있는, 사상사에서 소중하게 취급되는 글들이다.

이어서 실은 「양양부사 유자한에게 속마음을 토로하여 올린 편지」는 김시습 자신이 일생을 회고한 비교적 장문의 글로, 김시습의 삶을 재구성하는 데 가장 중요한 자료이자 그 내면을 읽는 데 빠뜨릴 수 없는 글이다.

책 끝에 실은 『금오신화』는 널리 알려진 바와 같이 우리 고전소설의 최고 걸작 중 하나로 꼽히는 단편소설 다섯 편을 묶은 소설집이다. 이 작품들은 삼십대 중반 무렵의 김시습이 아마도 자신의 역량을 최대한 발휘하여 세상에 대한 분노와 슬픔을 담아 만든 것으로 생각된다. 기왕에 많은 번역이 나와 있지만, 이 책에서는 전체 다섯 작품 중 대표작이라 할 「만복사에서 부처님과 내기하다」(원제: 萬福寺樗蒲記), 「담장 너머 사랑을 엿보다」(원제: 李生窺墻傳), 「남염부주에 가다」(원제: 南炎浮洲志)의 세 편을 오늘날의 친근한 언어로 옮겨 보고자 했다. 『금오신화』에 수록된 한문소설에는 옛사람의 시와 고사가 본문 사이사이에 절묘하게 삽입되어 글 읽는 묘미를 더해 주는데, 번역 과정에서 이런 면모를 얼마나 담아냈는지 아쉬운 마음이다.

「만복사에서 부처님과 내기하다」와 「담장 너머 사랑을 엿보다」는 비극적 애정소설에 속한다. 우리 고전소설사에서 비극적 애정소설은 신라 말 고려 초에 창작된 것으로 추정되는 「최치원」(崔致遠)으로부터 시작하여 조선 후기에 이르기까지 지속적으로 창작되며 적지 않은 명편(名篇)을 남겼는데, 김시습의 이 두 작품은 그 중에서도 손꼽히는 걸작에 속한다. 비극적 애정소설의 명편들은 표면상으로는 청춘 남녀의 사랑 이야기를 다루고 있을 뿐이지만 그 과정에서 제기되는 문제의 범위는 항상 제재의 범위를 뛰어넘는다. 이들 작품에서 애정 장애는 주인공들의 순수한 애정만으로는 극복할 수 없을 정도로 강고하고 심각한 것이다. 온갖 시련에 굴하지 않고 자신들의 순수한 애정을 성취해 내려는 주인공의 내면을 읽는 독자는 삶의 진정한 가치에 대해 반성하게 되며, 끝내 장애를 극복하지 못하고 좌절하는 주인공의 마지막 모습에서 무엇이 이들의 순수한 사랑을 가로막고 있는지 진지하게 되묻게 된다. 김시습의 두 작품에 투영된 고독과 슬픔, 절망과 환멸의 정서 역시 이런 관점에서 조명해 볼 필요가 있다.

「남염부주에 가다」는 김시습의 철학 사상을 반영하고 있는, 일종의 사상소설이다. 「태극을 말한다」에서 전개한 이(理)와 기(氣)에 관한 생각, 「귀신이란 무엇인가」에서 피력한 귀신론(鬼神論)이 염라대왕과 선비의 문답 속에 흥미롭게 녹아들어 있다. 또한 이 작품은 세조(世祖)의 왕위 찬탈과 전제 정치에 대한 우의적인 비판도 담고 있다. 염라대왕의 입을 빌려 한 다음의 말이 그것이다.

> 나라를 가진 자는 폭력으로 인민을 위협해서는 안 되오. 인민이 비록 두려워하여 명령에 따르는 듯 보이지만 속으로는 반역할 마음을 품어 시간이 흐르면 결국 큰 재앙이 일어나게 될 것이오. 덕 있는 자는 힘으로 군주의 자리에 나아가지 않소. 하늘이 비록 자상한 말로 사람을 깨우치지는 않지만, 실제로 보여 주는 일들을 처음부터 끝까지 찬찬히 살피면 하늘의 명(命)이 엄하다는 걸 알 수 있소.
> 무릇 나라는 인민의 것이요, 명은 하늘이 내리는 것이오. 천명(天命)이 이미 임금에게서 떠나고 민심이 이미 임금에게서 떠나간다면, 비록 몸을 보전하고자 한들 어찌 보존할 수 있겠소?

김시습은 전제 군주(專制君主)에 반대하고 어진 정치를 강조했던, 당시의 가장 대표적인 지식인이었는데, 그의 이런 면모가 「산골 농부의 괴로움」·「나라의 근본」·「인민을 사랑해야 하는 이유」 등의 시문(詩文)과 함께 소설 「남염부주에 가다」에도 잘 드러나 있다.

『금오신화』에 실린 작품들이 김시습의 분노와 슬픔을 담고 있다고 했지만, 작품 전반이 어두운 분위기에 싸여 있다거나 오직 무겁고 진지한 문제 제기로 일관하고 있다는 말은 결코 아니다. 실상 작품을 읽어 보면 요소요소마다 아기자기한 재미가 느껴지고 전체적인 서사 전개 또한 대단히 흥미진진하다. 작품의 어느 한 부분씩을 떼어내 보더라도 청춘 남녀의 다정다감한 대화를 읽으면 어느덧 입가에 미소를 짓게 되고, 기개 있는 선비의 열변을 듣다 보면 저도 모르게 마음이 시원해진다. 이 작품들이 우리 소설사에서 손꼽히는 걸작이라고 보는 이유는 작품이 가진 진지성이나 메시지에만 있는 것이 아니라 소설 특유의 재미와 높은 예술적 완성도를 동시에 지니고 있기 때문일 것이다.

3

매월당 김시습의 얼굴은 참으로 다양하다. 비운의 천재, 불의와 타협하지 않고 세상 밖에서 고독한 삶을 살다 간 절의의 상징, 어떠한 구속에도 얽매이기를 거부했던 자유인 등이 그것이다. 한편, 인생 대부분을 떠돌며 발길 닿는 곳마다 마음을 노래한 방랑 시인 김시습의 서정미 넘치는 시편들을 보면 바람에 날리는 꽃잎처럼 가녀린 심성의 소유자였음이 느껴진다. 이러저러한 명쾌한 규정과는 달리 갈림길에 설 때면 주저하고 온 길을 뒤

돌아볼 때면 회한과 탄식을 쏟아 냈던 연약한 존재이기도 했다.

    김시습이 남긴 빼어난 시문 전편을 옮길 수는 없었지만, 이 책에 선별된 작품들을 통하여 전통 시대의 비판적 지식인이 걸었던 삶의 궤적이 얼마간 드러나기를, 또 한 시대 안에서 끊임없이 고민하고 주저하며 부끄럽지 않은 삶을 살기 위해 몸부림쳤던 외로운 존재의 흔적이 드러나기를 기대한다.

김시습 연보

작품 원제

찾아보기

김시습 연보

1435년(세종 17), 1세 — 서울 성균관(成均館) 북쪽 반궁리(泮宮里)에서 태어나다. 태어난 지 8개월 만에 글을 알아 외조부에게 천자문을 배우다.

1436년(세종 18), 2세 — 외조부에게 당시(唐詩)와 송시(宋詩)를 배우다.

1439년(세종 21), 5세 — 시를 잘 짓는 신동이라는 소문이 퍼져 우의정 허조(許稠)의 방문을 받고, 이후 세종 대왕의 칭찬을 받다. 13세까지 사서오경(四書五經)을 배우다.

1449년(세종 31), 15세 — 모친 울진(蔚珍) 장씨(張氏)가 세상을 뜨다. 시골에서 모친의 삼년상을 치르는 중 외조모마저 별세하다.

1452년(문종 2), 18세 — 서울로 돌아와 과거 공부를 하다. 고위 무관(武官)이었던 남효례(南孝禮)의 딸과 혼인하다.

1455년(세조 1), 21세 — 삼각산 중흥사(重興寺)에서 과거 공부를 하던 중 세조(世祖)가 왕위를 빼앗았다는 소식을 듣고 책을 모두 불사른 뒤 절을 뛰쳐나오다.

1456년(세조 2), 22세 — 사육신의 시신을 수습하여 노량진에 묻다.

1458년(세조 4), 24세 — 관서(關西) 지방을 유람하다. 관서 유람 중에 지은 「박연폭포를 보고」 등의 시를 『유관서록』(遊關西錄)으로 묶다.

1460년(세조 6), 26세 — 관동(關東) 지방을 유람하다. 관동 유람 중에 지은 「도미 나루를 지나며」 등의 시를 『유관동록』(遊關東錄)으로 묶다.

1462년(세조 8), 28세 — 호남 지방을 유람하다.

1463년(세조 9), 29세 — 경주 금오산(金鰲山)에 머물다. 호남 유람 중에 지은 「해 저문 호남 땅」 등의 시를 『유호남록』(遊湖南錄)으로 묶다. 효령대군(孝寧大君)의 추천으로 『묘법연화경』(妙法蓮華經) 번역에 참여하다.

1465년(세조 11), 31세 — 금오산에 금오산실(金鰲山室)을 짓고 정착하다. 봄에 효령대군의 요청으로 서울 원각사(圓覺寺) 낙성식(落成式)에 참여하여 시를 짓고, 세조에게 도첩(度牒)을 받다. 가을에 금오산으로 돌아오다. 이 무렵 『금오신화』(金鰲新話)와 「산골 농부의 괴로움」을 짓다.

1472년(성종 3), 38세 — 수락산(水落山)에 살며 농사짓다. 이 무렵 「인민을 사랑해야 하는 이유」, 「나라 살림을 넉넉하게 하는 법」 등의 글을 지은

		듯하다.
1473년(성종 4), 39세	—	금오산에 머물던 시절에 쓴 「뱀」 등의 시를 『유금오록』(遊金鰲錄)으로 묶다.
1475년(성종 6), 41세	—	수락산에 머물며 일연(一然, 1206~1289)의 『중편 조동오위』(重編曹洞五位)를 정리하는 한편 그 뜻을 계승하여 『십현담요해』(十玄談要解)를 짓다.
1476년(성종 7), 42세	—	의상(義湘, 625~702)의 『화엄일승법계도』(華嚴一乘法界圖)를 풀이한 책인 『대화엄일승법계도주』(大華嚴一乘法界圖註)를 짓다.
1481년(성종 12), 47세	—	환속하여 부친의 제사를 지내고 안씨(安氏)와 혼인하다.
1483년(성종 14), 49세	—	안씨와 사별하고 다시 관동으로 떠나다. 이 무렵 「지팡이 비껴 메고」, 「소양정에 올라」 등의 시를 짓다.
1485년(성종 16), 51세	—	강릉과 양양에 머물며 「홀로 부르는 여섯 노래」, 「하늘에 묻는다」 등의 시를 짓다.
1487년(성종 18), 53세	—	양양부사(襄陽府使) 유자한(柳自漢)과 교유하다. 이 무렵 「양양부사 유자한에게 속마음을 토로하여 올린 편지」를 짓다.
1493년(성종 24), 59세	—	3월에 부여 무량사(無量寺)에서 별세하다. 홍유손(洪裕孫)이 제문을 짓다.
		매월당 사후(死後) 부여군 외산면의 무량사 입구에 매월당 부도가 건립되었으며, 이 부도 앞에 제자 조희(祚熙)가 "五歲金時習之墓"라는 작은 비석을 세워 "俯示李賀, 優於海東. 騰名謾譽, 於爾孰逢. 爾影至眇, 爾言太侗. 宜爾置之, 溝壑之中"이라는 8구를 새기다. 이 글은 매월당이 만년에 자신의 삶을 돌아보며 읊은 것으로, 그의 삶을 잘 압축하고 있다.
1521년(중종 16)	—	이자(李耔)가 김시습의 시문을 모으고 서문을 쓰다.
1551년(명종 6)	—	윤춘년(尹春年)이 『유관서관동록』(遊關西關東錄)을 엮고 목판으로 간행하고자 하면서 「매월당선생전」(梅月堂先生傳)을 짓다. 이 무렵에 『금오신화』를 윤춘년이 목판으로 간행하다.
1582년(선조 15)	—	선조(宣祖)의 명으로 『매월당집』(梅月堂集)을 편찬하다. 율

	곡 이이(栗谷李珥)가 왕명을 받아 「김시습전」(金時習傳)을 짓고, 교서감(校書監)에서 『매월당집』 시집 15권과 문집 6권을 간행하다.
1624년(인조 2)	─ 기자헌(奇自獻)이 엮은 『매월당시 사유록』(梅月堂詩四遊錄)이 목판으로 간행되다.
1668년(현종 9)	─ 박세당(朴世堂)이 김시습을 추모하기 위해 수락산에 석림암(石林菴)을 짓다.
1685년(숙종 11)	─ 강원도 영월의 창절서원(彰節書院)에 배향(配享)되다.
1701년(숙종 28)	─ 숙종(肅宗)이 석림암에 '청절사'(淸節祠)라는 편액을 내리다.
1782년(정조 6)	─ 이조판서에 추증(追贈)되다.
1784년(정조 8)	─ '청간'(淸簡)이라는 시호를 받다.
1925년	─ 만해 한용운(卍海韓龍雲)이 오세암(五歲庵)에서 김시습의 『십현담 요해』를 계승하여 『십현담 주해』(十玄談註解)를 짓다.

작품 원제

나는 누구인가

· 내 말이 어리석어 보이지만 —— 고풍 19수(古風十九首) 중 제19수 019p
· 나는 누구인가 —— 자사진찬(自寫眞贊) 020p
· 내가 나에게 —— 자이(自貽) 021p
· 비 오는 밤 —— 야우기사(夜雨記事) 023p
· 이 몸 또한 꿈일지니 —— 종필 4수(縱筆四首) 중 제2 · 4수 025p
· 소나무 엮어 오두막 짓고 —— 즙송회이위려(葺松檜以爲廬) 026p
· 온종일 잠에 빠져 —— 탐수(眈睡) 028p
· 몸과 그림자 1-몸이 그림자에게 —— 화정절형영신 3수(和靖節形影神三首) 중 '형증영'(形贈影) 029p
· 몸과 그림자 2-그림자가 몸에게 —— 화정절형영신 3수(和靖節形影神三首) 중 '영답형'(影答形) 031p
· 뱀 —— 백화사(白花蛇) 033p
· 새벽에 일어나 —— 효기(曉起) 034p
· 내 밭엔 잡초 무성하고 —— 초성두묘희(草盛豆苗稀) 035p
· 잔설 —— 잔설(殘雪) 037p
· 한 줄기 햇살 빌려다가 —— 죽지사(竹枝詞) 039p
· 한 잔 술에 취해 1 —— 화연명음주시 20수(和淵明飲酒詩二十首) 중 제3수 041p
· 한 잔 술에 취해 2 —— 화연명음주시 20수(和淵明飲酒詩二十首) 중 제13수 042p
· 한 잔 술에 취해 3 —— 화연명음주시 20수(和淵明飲酒詩二十首) 중 제15수 043p
· 인간 세상에 떨어져 —— 삼지설압흡사봉도경화(杉枝雪壓恰似蓬島瓊花) 044p
· 홀로 부르는 여섯 노래 —— 동봉육가(東峯六歌) 047p
· 밤에 부르는 노래 —— 야음(夜吟) 051p
· 나의 일생 —— 서민 6수(敍悶六首) 053p

길 위의 노래

· 짚신 신고 발길 닿는 대로 —— 증준상인(贈峻上人) 중 제8수 059p
· 시골 풍경 —— 전가즉사(田家卽事) 060p

271

- 천마산에서 ─ 유천마산(遊天磨山) 061p
- 박연폭포를 보고 ─ 표연(瓢淵) 062p
- 장안사에서 ─ 장안사(長安寺) 064p
- 도미 나루를 지나며 ─ 도미협(渡迷峽) 065p
- 해 저문 호남 땅 ─ 유나주목알태수(遊羅州牧謁太守) 067p
- 갈림길에만 서면 ─ 가현(椵峴) 068p
- 봄눈 ─ 춘설희제(春雪戲題) 069p
- 가을 ─ 사절회문(四節回文) 중 추(秋) 071p
- 낙엽이 지면 ─ 엽락(葉落) 072p
- 달 ─ 월(月) 073p
- 외나무다리 ─ 독목교(獨木橋) 075p
- 지팡이 비껴 메고 ─ 도점(陶店) 076p
- 춘천 가는 길 ─ 도중(途中) 077p
- 소양정에 올라 ─ 등소양정(登昭陽亭) 078p
- 청평사에 나그네 있어 ─ 유객(有客) 079p
- 아침 해 돋을 적에 ─ 제청평산세향원남창(題淸平山細香院南窓) 080p
- 높이 올라 ─ 등루(登樓) 081p
- 봄 산에 짝 없이 ─ 산거증산중도인(山居贈山中道人) 082p

하늘에 묻는다

- 곧은 나무는 베이고 ─ 고풍 19수(古風十九首) 중 제14수 085p
- 어지러운 세상 ─ 세고(世故) 086p
- 구름이 가건 오건 ─ 사청사우(乍晴乍雨) 088p
- 가진 자의 욕심은 하늘을 찌르고 ─ 오호가(嗚呼歌) 089p
- 내가 생각하는 도는 ─ 민상인동제반래문도(敏上人同諸伴來問道) 091p
- 딱따구리 ─ 탁목(啄木) 093p
- 누에 치는 여인 ─ 잠부(蠶婦) 095p
- 죽은 이에게 ─ 만사(挽詞) 096p
- 가난의 노래 ─ 안분음(安分吟) 097p

- 『금오신화』를 짓고 —— 제금오신화후(題金鰲新話後) 098p
- 옛사람 글 읽을 적에는 —— 송독(誦讀) 099p
- 하늘에 묻는다 —— 의천문(擬天問) 0100p
- 산골 농부의 괴로움 1 —— 영산가고(咏山家苦) 중 제2수 102p
- 산골 농부의 괴로움 2 —— 영산가고(咏山家苦) 중 제3수 103p
- 산골 농부의 괴로움 3 —— 영산가고(咏山家苦) 중 제6수 104p
- 산골 농부의 괴로움 4 —— 영산가고(咏山家苦) 중 제4수 105p
- 농부의 말 —— 기농부어(記農夫語) 106p

어떻게 살까, 무엇을 할까

- 군자의 처신 —— 고금군자은현론(古今君子隱顯論) 111p
- 군자와 소인 —— 군자소인변(君子小人辨) 116p
- 인재가 없다는 걱정에 대하여 —— 인재설(人才說) 121p
- 나라 살림을 넉넉하게 하는 법 —— 생재설(生財說) 127p
- 최선의 정치 —— 천지편(天地篇) 132p
- 나라의 근본 —— 방본잠(邦本箴) 136p
- 인민을 사랑해야 하는 이유 —— 애민의(愛民義) 139p
- 세상 만물을 사랑하는 길 —— 애물의(愛物義) 144p
- 귀신이란 무엇인가 —— 신귀설(神鬼說) 148p
- 태극을 말한다 —— 태극설(太極說) 151p
- 양양부사 유자한에게 속마음을 토로하여 올린 편지 —— 상유양양진정서(上柳襄陽陳情書) 154p

『금오신화』

- 만복사에서 부처님과 내기하다 —— 만복사저포기(萬福寺樗蒲記) 171p
- 담장 너머 사랑을 엿보다 —— 이생규장전(李生窺墻傳) 195p
- 남염부주에 가다 —— 남염부주지(南炎浮洲志) 221p

찾아보기

| ㄱ |

가오(賈午) 200
가의(賈誼) 124
「강구요」(康衢謠) 140
강왕(康王) 234
강태공(姜太公) 111, 114, 123
개녕동(開寧洞) 179, 186, 189
개녕사(開寧寺) 189
거녕현(居寧縣) 179
걸왕(桀王) 141
「격양가」(擊壤歌) 141
경주(慶州) 33, 98, 102, 221, 225
「계사전」(繫辭傳) 150, 152, 221
고당(高唐) 184, 197, 218
『고려사』(高麗史) 155
곤륜산(崑崙山) 185, 217
공손홍(公孫弘) 119
공숙단(共叔段) 146
공자(孔子) 48, 51, 111, 112, 118, 124, 143, 146, 152, 153, 166, 208, 219, 221, 229~231, 234
국학(國學) 195~197
굴원(屈原) 51, 52, 101
금강산(金剛山) 64
금오산(金鰲山) 33, 98, 102
『금오신화』(金鰲新話) 98, 150, 194
김뉴(金紐) 163
김반(金泮) 160
김수온(金守溫) 163
김주원(金周元) 154
김태현(金台鉉) 154
「금루곡」(金縷曲) 177

| ㄴ |

나주성(羅州城) 67
낙타교(駱駝橋) 195
난향(蘭香) 188
남교(藍橋) 182, 197, 198
남염부주(南炎浮洲) 221, 228, 261~263
「남염부주지」(南炎浮洲志) 194
노자(老子) 142
노장(老莊) 124
『논어』(論語) 27, 120, 152, 153, 158, 160, 208, 219, 231
뇌차종(雷次宗) 221, 222

| ㄷ |

당고(黨錮)의 화 124
『대학』(大學) 129, 158
도미 나루 65, 66
도연명(陶淵明) 35, 36, 112, 164
동중서(董仲舒) 124

| ㅁ |

「만강홍」(滿江紅) 176

만복사(萬福寺)　171, 172, 175, 178
「만복사저포기」(萬福寺樗蒲記)　194, 220
맹광(孟光)　164, 186, 213
「모란등기」(牧丹燈記)　210
목왕(穆王)　241
무산(巫山)　184, 186, 191, 193, 197, 218
무왕(武王)　113, 234
무정(武丁)　111
문소(文蕭)　188
문왕(文王)　112, 121, 122, 234
미자(微子)　113
민(敏)　92

| ㅂ |

박연폭포　62
박이창(朴以昌)　159
방호산(方壺山)　202
배항(裴航)　182, 198
백락(伯樂)　165
백아(伯牙)　165, 166
백이(伯夷)　113, 114
백익(伯益)　145
「백저가」(白紵歌)　200
보련사(寶蓮寺)　188, 189
복주(福州)　213
봉래도(蓬萊島)　21, 22, 45, 46, 177, 187, 216
부열(傅說)　111, 113, 123

| ㅅ |

사마광(司馬光)　124
사마상여(司馬相如)　197
사안(謝安)　222
사호(四皓)　112
『삼국사기』(三國史記)　154
삼황(三皇)　229, 234
상강(湘江)　186, 202
상홍양(桑弘羊)　130
서거정(徐居正)　163
『서경』(書經)　139, 141, 146, 149, 160, 190
서시(西施)　193
석가(釋迦)　142, 229
선죽리(善竹里)　195
성균관(成均館)　155, 158, 160, 195, 221
성왕(成王)　234
세조(世祖)　261
세종(世宗)　48, 159~161
소상강(瀟湘江)　177, 205
소양정(昭陽亭)　78
『소학』(小學)　158
손(巽)　221, 222
송광사(松廣寺)　59

송도(松都) 63, 195
수락산(水落山) 50, 92
숙제(叔齊) 113, 114
순(舜)임금 145, 186, 229, 242
『시경』(詩經) 121, 122, 145, 146, 160, 179, 190, 194, 210
시왕(十王) 233, 236, 237

| ㅇ |

아방궁(阿房宮) 89
아향(阿香) 191
양귀비(楊貴妃) 45
양대(陽臺) 191, 197
양왕(襄王) 197
양웅(揚雄) 113
양홍(梁鴻) 163, 164, 186, 213
여가(輿可) 203
여경(麗卿) 210
〈연강첩장도〉(煙江疊嶂圖) 201
염마(燄摩) 229
염부주(炎浮洲) 228, 241
『예기』(禮記) 160
오관산(五冠山) 217
오봉산(五峰山) 79
오제(五帝) 229, 234
「옥루춘」(玉樓春) 218
옥문관(玉門關) 206
옥초산(沃焦山) 228

왕공(王恭) 166, 167
왕망(王莽) 113, 119
왕안석(王安石) 125, 130
왕탄지(王坦之) 222
요순(堯舜) 48, 111, 140, 141
「용궁부연록」(龍宮赴宴錄) 193
용문(龍門) 122
우왕(禹王) 241
운교(雲翹) 182
운문사(雲門寺) 92
운영(雲英) 182, 198
울주(蔚州) 208
「위당기우기」(渭塘奇遇記) 210
위언(韋偃) 203
유안(劉晏) 130
유자한(柳自漢) 154, 161, 167
유종원(柳宗元) 221
유하혜(柳下惠) 113
『유학』(幼學) 158
〈유황고목도〉(幽篁古木圖) 201
육신(六神) 231
윤상(尹祥) 160
이계전(李季甸) 158
이사(李斯) 113
「이생규장전」(李生窺墻傳) 194
이안(易安) 187
이우(李堣) 158
이윤(伊尹) 111, 113

이태백(李太白) 45
이하(李賀) 20
「일리론」(一理論) 222

ㅈ

자로(子路) 166, 167
『자설』(字說) 158
장건(張騫) 154
장석(張碩) 188
장안사(長安寺) 64
적석산(積石山) 122
적씨(翟氏) 164
『전등신화』(剪燈新話) 210
『정속』(正俗) 158
조계산(曹溪山) 59
조맹부(趙孟頫) 203
조수(趙須) 158
종병(宗炳) 221, 222
종자기(鍾子期) 165, 166
주공(周公) 229, 230
주숙진(朱淑眞) 193
『주역』(周易) 112, 114, 123, 144, 145, 150, 152, 160, 210, 221, 224, 233
주왕(紂王) 113, 114, 141
주희(朱憙) 124, 125, 231
준(峻) 59
『중용』(中庸) 149, 152, 153, 158, 221, 233

증자(曾子) 153
지달하(池達河) 161
지둔(支遁) 222
진시황(秦始皇) 89, 112, 113, 142, 234

ㅊ

창힐(蒼頡) 229
채란(彩鸞) 188
천녀(倩女) 216
천마산(天磨山) 61
청평사(淸平寺) 79
『초사』(楚辭) 101
최치운(崔致雲) 155
추연(鄒衍) 216
춘성(春城) 77
춘천(春川) 77~79
『춘추』(春秋) 143, 160, 234, 237
『춘추좌전』(春秋左傳) 149
취굴(聚窟) 216, 217
「취유부벽정기」(醉遊浮碧亭記) 194

ㅌ

탁문군(卓文君) 197
탕왕(湯王) 111
태강(太康) 146
태전(太顚) 221

| ㅍ |

포선(鮑宣) 212, 213

| ㅎ |

한수(韓壽) 200

한유(韓愈) 124, 221

항아(姮娥) 185, 187, 193, 201

허균(許筠) 59, 75, 81, 82

허조(許稠) 158

혜원(慧遠) 221, 222

홍건적(紅巾賊) 213, 214, 216

환소군(桓少君) 212, 213

회왕(懷王) 184, 186, 197, 218